这就是稳定币

徐无忌　傅星辰/著

在数字经济重塑全球金融体系的浪潮中，稳定币作为连接传统金融体系与数字货币体系的核心枢纽，正以颠覆性姿态重构货币流通、资产定价和跨境结算的底层逻辑。本书从稳定币基础、治理与合规挑战、应用场景与金融革命、风险与未来演进四个维度入手，系统解构稳定币生态，为读者提供兼具理论深度与实践价值的全景式实战指南。

本书通过多个核心模型与实战案例揭示 MakerDAO、Tether 等巨头的盈利模式与风险敞口，构建套利策略、流动性优化、危机防御的量化操作框架，同时预判 RWA 代币化、AI 动态锚定机制，与传统金融或 CBDC 融合等趋势的演进路径，是一本能穿越周期、制胜数字金融时代的理论武器与能力升级手册，可作为稳定币相关从业者，数字经济、数字货币以及金融行业从业人员的参考用书。

图书在版编目（CIP）数据

这就是稳定币 / 徐无忌，傅星辰著. -- 北京：机械工业出版社，2025.8（2025.12重印）. -- ISBN 978-7-111-79178-2

Ⅰ．F713.361.3

中国国家版本馆 CIP 数据核字第 2025A6A728 号

机械工业出版社（北京市百万庄大街22号　邮政编码100037）
策划编辑：李晓波　　　　　　　　　责任编辑：李晓波
责任校对：杜丹丹　杨　霞　景　飞　责任印制：单爱军
中煤（北京）印务有限公司印刷
2025年12月第1版第4次印刷
165mm×225mm·11.25印张·168千字
标准书号：ISBN 978-7-111-79178-2
定价：69.00元

电话服务　　　　　　　　　网络服务
客服电话：010-88361066　　机 工 官 网：www.cmpbook.com
　　　　　010-88379833　　机 工 官 博：weibo.com/cmp1952
　　　　　010-68326294　　金　书　网：www.golden-book.com
封底无防伪标均为盗版　　机工教育服务网：www.cmpedu.com

序一

在数字经济与传统金融深度融合的当下,稳定币作为连接法币体系与区块链市场的关键基础设施,虽仍处于早期阶段,但其潜力已引发全球金融机构及科技公司的高度关注。作为金融科技领域的从业者,我始终关注数字货币等新兴领域。听闻无忌准备针对稳定币著书,我有幸先睹其要义,深感此书对打开人们对稳定币认知的重要性,故欣然提笔作序。

从业多年,我曾见证太多新事物的诞生,却从未像今天这般感受到技术对金融基础设施的颠覆性冲击。书中开篇对货币演变的分析,将稳定币的出现置于千年金融史中——当加密货币因为波动性困于投机属性时,稳定币凭借锚定机制成为连接实体经济的"价值渡轮"。

创新离不开技术。无忌从技术细节对稳定币进行了全面的把握。从MakerDAO动态清算系统的压力测试,到crvUSD的LLAMMA算法在极端行情中的弹性表现;从零知识证明实现链上审计透明化,到应对硅谷银行挤兑事件的应急方案设计……这些内容既体现工程师的缜密思维,又彰显金融人的风险意识,我仿佛真切地目睹了稳定币的发展全景。

创新寻找路径,监管设定边界。本书的另一现实价值就是提供了清晰的监管路线图。美国为稳定币制定的《GENIUS法案》(也称《天才法案》)要求100%储备托管;欧盟《加密资产市场监管法案》(MiCA)高度重视稳定币监管,要求发行方持有足够的初始资本金,并确保储备资产高质量、高流动性且与发行方资产隔离托管。中国香港地区更是严禁算法稳定币发行。这些碎片化监管框架中的博弈空间,在书中被转化为清晰的合规路径图,为从业者提供指导。

创新亦需敬畏风险。UST 的崩塌体现共识机制设计失控的破坏力，Tether 的储备金争议揭示透明机制的至关重要。但书中对下一代稳定币的前瞻更令人振奋：Circle 的 CCTP 协议正在消弭跨链损耗，美联储与 DTCC（美国存管信托与清算公司）测试的清算模型可能重构中央对手方清算机制，而仍处于概念验证阶段的 AI 动态锚定系统或将开启货币智能化的新纪元。

在万事达卡，我们始终坚持"技术中立，合规优先"的原则，积极探索稳定币在支付领域的应用。我们认为，稳定币若要真正服务实体经济，必须具备三项核心能力：一是锚定机制稳定，确保价值不脱锚；二是储备管理透明合规，满足监管要求；三是具备可拓展的支付网络接入能力。为此，万事达卡推出了 Multi-Token Network（MTN）、Crypto Credential 等基础设施，支持包括 USDC、PYUSD 在内的合规稳定币实现跨境支付与身份验证。这与无忌在本书中所强调的"技术与制度并重"的主张高度契合。我们相信，在安全、合规、可控的基础之上，稳定币将在全球支付体系中发挥越来越关键的作用。

当然，本书的优秀之处还在于其充分考虑到"人"在市场中的作用。当他人仍在讨论技术应用时，本书已构建起覆盖经济激励、治理博弈、跨境协调的立体认知框架。这种全局视野，正是行业急需的"战略罗盘"。

谨以此序推荐这部内容扎实、视野开阔的作品。它不仅帮助我们更全面地理解稳定币，也为身处数字经济浪潮中的从业者提供了清晰的方向。希望每一位关注金融创新的人，都能从这本书中获得启发，在不确定中看见确定，在变革中把握节奏。

凌　海

万事达卡国际总裁

序二[一]

  作为金融领域的创业者,我一直追寻建立和巩固信任的办法。技术如何构建信任?信任的构建往往始于对"价值载体是否可信,底层的托管方和基础设施是否可信"的确认。在无忌编写的这本书里,我找到了令人信服的答案,那就是稳定币。稳定币正是用技术解决了数字市场价值流转中的身份确认、可信传递等问题。

  任何技术的规模化应用都离不开"可信基础"的支撑。就像视频通话要确认对方的身份才能建立有效沟通,金融领域的交易也必须先确认对方的数字资产是否真实、归属是否清晰。稳定币通过区块链的不可篡改性,让每笔交易都有"身份",这不仅解决了传统跨境支付中对账烦琐、到账缓慢的效率问题,更从底层消除了信任隐患:当稳定币转账在链上完成时,其背后是公私钥签名的身份验证、智能合约的规则约束、区块链的全程存证,相当于把现实中签字盖章、银行核验等流程转化为高效且透明的自动执行任务。

  我阅读了本书,发现它没有停留在技术原理的表层,而是沿着信任构建的逻辑,分析了稳定币从概念到落地的完整链条。它会告诉你,为何早期稳定币多采用法币抵押模式?为何后来会出现算法调节机制?为何监管合规成为稳定币发展的关键?这些内容不是抽象的理论,而是融合了技术专家的实践心得、金融从业者的落地经验,甚至包含了对"如何平衡匿名性与监管要求"等现实问题的思考。

  在我看来,真正有价值的技术既要回答"是什么"的问题,还要解决"怎

[一] 原文为英文,由本书作者翻译为中文。

么做"的问题。本书做到了这一点，它不仅讲清楚了稳定币的底层逻辑，还通过案例和方法论，展现了如何在实际场景中应用这种逻辑。对数字经济从业者、研究者而言，本书是理解"技术如何重塑价值信任"的实用指南。

目前，稳定币的发展正在进入深水区。随着监管框架的成熟与技术迭代的加速，你将见证一个更高效、更可信的价值流转体系：它会成为金融资产代币化的实时结算网络，成为新兴市场普惠金融的基础设施，还会成为新经济的底层技术。而这本书，正是理解这场金融大变革的起点——它不仅提供了行业全景图，还指导你如何把握那些确定性机遇。

我想，这本书将为广大读者打开一扇窗，助其窥见数字金融的未来。

Nick van Eck
Agora 创始人兼 CEO

序三

我们正处于一个令人激动的转折点，区块链为价值交换带来了新模式。在此过程中，稳定币以其独特的价值锚定机制在全球支付、去中心化金融和更广阔的资产数字化浪潮中扮演着日益重要的角色。理解稳定币，远不止于理解一项技术应用，它涉及货币理论的核心——信任、价值稳定、流通效率；深刻关联金融体系的运行规则——储备金管理、审计透明度和风险控制；更紧密连接着现实世界的监管框架与政策制定。

作为行业老兵，在探索区块链工具如何帮助大家讲好故事、扩大顶级 IP 影响力的过程中，我也深深感受到读者们需要能把艰深前沿的信息讲得通俗易懂的读物。

很高兴看到无忌的著作问世。在阅读本书时，我能深刻地感受到，他以自己深厚的金融科技研究功底与行业实践经验，结合对货币体系的深刻洞察，全面梳理了稳定币的起源、发展脉络、主流技术实现方案及内在的经济激励与风险逻辑。

书中不仅介绍了稳定币如何运作，更深入讨论了稳定币在不同场景（如跨境支付、DeFi 借贷、交易结算）中的作用与面临的挑战，特别是对储备资产安全、价格稳定机制可靠性以及合规发展路径这些关键议题的分析，尤为深刻和务实。

令我惊喜的是，本书成功地将一个技术性、金融性极强的主题，转化为条理清晰、论证扎实、易于理解的论述，而且没有浮夸的炒作，有的只是基于事实和逻辑描绘而成的一幅关于稳定币现状与未来的全景图。无论你是金融从业者、技术开发者、政策研究者，还是对数字经济未来充满好奇的探索者，相信这本书对你而言都大有裨益。

目前稳定币仍在迅速发展阶段，其最终形态和对全球金融体系的影响尚未完全显现。但毫无疑问，它已成为构建未来开放、高效、包容性金融基础设施不可或缺的一块"拼图"。本书正是弄懂这块拼图、参与这场颠覆性金融变革的重要指南。

所以我诚挚地向所有关注金融科技、区块链应用和未来经济形态的朋友推荐此书，它不仅能增进你的认知，更能启发你对价值流动新模式的思考。

陈　浩

Story Protocol 首席技术官

前言

近年来，稳定币崭露头角，成为金融领域备受瞩目的焦点。随着稳定币市场规模持续扩大，其应用场景也不断拓展，从加密货币交易逐步渗透至跨境支付、DeFi（Decentralized Finance，去中心化金融）等多个领域，对全球金融格局产生深远影响。

稳定币的诞生源于对加密货币市场波动性的深刻反思。以往一些加密货币虽然凭借区块链技术展现出去中心化、交易便捷等优势，但其价格的大幅波动严重限制了其在日常交易和价值储存等方面的应用。稳定币则旨在通过与法定货币或其他稳定资产挂钩，为加密货币生态系统引入稳定性，从而搭建起传统金融与数字金融之间的桥梁。

稳定币的崛起为全球金融创新注入了强劲动力，其独特优势不断释放新的发展机遇。依托区块链技术，稳定币实现了交易的快速清算与高效的跨境传输，大幅提升了资金流动效率，尤其为新兴市场的小额跨境支付带来了革命性突破。在金融包容性方面，稳定币降低了传统金融服务的准入门槛，让更多群体能够便捷地参与价值存储与交易，推动了全球金融服务的普惠化进程。此外，稳定币与DeFi生态的深度融合催生了新的金融模式，为金融市场参与者提供了更多元的资产配置与风险管理工具，加速了金融业态的迭代升级。

本书正是在这样的背景下应运而生，旨在为读者系统梳理稳定币带来的发展机遇与创新价值。本书希望通过深入浅出的解析，帮助大众穿透技术迷雾与市场喧嚣，全面把握稳定币在重塑金融基础设施、拓展应用场景等方面的核心逻辑。无论是对数字金融充满好奇的普通读者，还是致力于探索行业前沿的从业者与研究者，都能从本书中获得关于稳定币发展趋势的清晰认知与实用洞察。

本书对稳定币进行了系统性讲解，从稳定币的基础认知出发，详细阐述了其货币演化历程、核心属性以及市场现状，进而深入剖析供需动力学、技术架构、治理与合规等关键层面，最后对应用场景、风险防范以及未来创新方向进行了探讨，构建了一个完整的知识体系。在深度与专业性方面，本书对复杂的技术原理、经济模型以及监管政策进行了深入浅出的解读，并结合实际案例进行分析，帮助读者理解其内在逻辑。

此外，本书试图提供一定的前瞻性，不仅关注稳定币的当下发展，更着眼于其未来发展趋势。在最后，本书对现实世界资产扩展、技术架构突破以及未来和传统金融融合等方向进行了大胆预测和深入探讨，为读者洞察行业未来发展提供了参考。

本书兼具系统性和深入性，在讲述稳定币理论的同时融入丰富案例，助力读者全面了解稳定币。通过阅读本书，读者能够对稳定币有全新的、更为深刻的认识，在数字金融时代的浪潮中更好地把握机遇，以更从容的姿态参与这场金融变革。让我们一同开启这场探索稳定币的知识之旅吧！

著　者

目录

序一
序二
序三
前言

第一部分　稳定币基础

01 第1章 重新定义货币

1.1 **有趣的货币发展史** ·· 2
    1.1.1　货币演变：从实物货币到数字货币 ················ 3
    1.1.2　加密货币的困境与稳定币的诞生 ················· 4
    1.1.3　Tether 与 Circle：巨头的发家史与盈利模式 ········ 7
1.2 **思考：你了解稳定币吗** ·································· 9
    1.2.1　传统支付工具 vs 稳定币 ······················· 10
    1.2.2　成功的稳定币诞生需要什么条件 ················ 11
    1.2.3　预警——稳定币可能会在哪里出现问题 ·········· 13
1.3 **稳定币现状分析** ······································· 15
    1.3.1　主流稳定币市场规模分析 ······················ 15
    1.3.2　合规稳定币 vs 去中心化稳定币 ················· 16
    1.3.3　市场机会：有渠道优势的金融/科技巨头突袭 ····· 18

02 第2章

稳定币供需动力学

- 2.1 锚定维持机制 ············· 20
  - 2.1.1 套利者维持锚定的市场机制 ············· 21
  - 2.1.2 交易所的溢价指标监控体系构建 ············· 23
- 2.2 收益与流动性博弈 ············· 25
  - 2.2.1 抵押收益的三重来源 ············· 25
  - 2.2.2 链上流动性深度测量方法 ············· 27
  - 2.2.3 储备证明（PoR）验证技术 ············· 29
- 2.3 跨市场套利策略实操 ············· 31
  - 2.3.1 现货–期货套利 ············· 32
  - 2.3.2 跨 DEX 三角套利 ············· 34
  - 2.3.3 极端行情套利及风险控制 ············· 36

03 第3章

稳定币技术全景图

- 3.1 法币质押型稳定币 ············· 39
  - 3.1.1 1∶1 储备金机制运作原理 ············· 40
  - 3.1.2 第三方托管与链上审计流程 ············· 41
  - 3.1.3 银行挤兑模拟与防御方案 ············· 43
  - 3.1.4 USDT 多链发行机制分析 ············· 44
- 3.2 加密资产超额质押型稳定币 ············· 45
  - 3.2.1 动态清算系统与全局清算触发条件 ············· 46
  - 3.2.2 质押率设计：ETH 暴跌压力测试 ············· 47
  - 3.2.3 crvUSD 的 LLAMMA 算法拆解 ············· 49
- 3.3 算法稳定币 ············· 50
  - 3.3.1 Ampleforth 弹性供应机制（Rebase） ············· 51
  - 3.3.2 Frax V3 混合算法模型 ············· 52
  - 3.3.3 反射债券机制：Olympus DAO 实验 ············· 54
  - 3.3.4 ESD 2.0 的基座协议优化 ············· 55

第二部分　治理与合规挑战

04 第4章 治理代币的价值捕获

- 4.1 代币经济模型 ········· 58
  - 4.1.1 MKR 代币销毁与稳定费关系 ········· 59
  - 4.1.2 veTokenomics 模型的经济激励 ········· 61
- 4.2 制度设计困境 ········· 62
  - 4.2.1 去中心化治理的投票悖论 ········· 62
  - 4.2.2 协议收入分配方案的比较经济学 ········· 65
  - 4.2.3 稳定币发行方与交易所的关系悖论 ········· 67
- 4.3 治理实践挑战 ········· 69
  - 4.3.1 Curve War 对稳定币流动性的争夺 ········· 69
  - 4.3.2 治理攻击案例：Mango Markets 事件 ········· 72

05 第5章 合规进阶路径设计

- 5.1 全球监管版图 ········· 74
  - 5.1.1 美国《GENIUS 法案》核心条款 ········· 74
  - 5.1.2 欧盟 MiCA 框架的发行门槛 ········· 76
  - 5.1.3 日本《资金决算法案》修正案 ········· 78
- 5.2 跨境监管协调困境 ········· 79
  - 5.2.1 管辖权冲突典型案例（USDC 跨境发行争议）··· 79
  - 5.2.2 监管标准不统一的套利空间（牌照互认漏洞）········· 80
  - 5.2.3 国际协调机制尝试（FATF 指引/IMF 建议）········· 81
  - 5.2.4 离岸监管天堂：BVI 架构分析 ········· 82
- 5.3 合规方案设计 ········· 83
  - 5.3.1 银行托管方案：Circle-纽约梅隆银行案例 ········· 83
  - 5.3.2 反洗钱链上追踪技术 ········· 85
  - 5.3.3 税务处理：FATF"旅行规则"实践 ········· 87
  - 5.3.4 合规稳定币发行成本模型 ········· 88

第三部分　应用场景与金融革命

第6章　DeFi 世界的"基础燃料"

- 6.1 流动性优化 ... 91
  - 6.1.1 DEX 稳定币交易对深度优化 ... 92
  - 6.1.2 跨链桥稳定币流动性解决方案 ... 94
- 6.2 收益策略设计 ... 95
  - 6.2.1 Aave 收益策略分析 ... 96
  - 6.2.2 收益聚合器策略：杠杆化挖矿收益优化 ... 97
  - 6.2.3 市场环境策略切换逻辑（牛市/熊市参数调整） ... 98
- 6.3 金融工具创新 ... 100
  - 6.3.1 闪电贷中的稳定币套利 ... 100
  - 6.3.2 衍生品协议抵押品应用 ... 101

第7章　现实世界支付桥梁

- 7.1 全球经济应用 ... 104
  - 7.1.1 阿根廷稳定币美元化调查报告 ... 104
  - 7.1.2 慈善捐赠链上透明化实践 ... 106
- 7.2 跨境支付应用 ... 107
  - 7.2.1 跨境汇款成本对比：USDC vs SWIFT ... 107
  - 7.2.2 PayPal PYUSD 商户接入案例 ... 109
- 7.3 系统集成应用 ... 111
  - 7.3.1 工资支付系统集成方案 ... 111
  - 7.3.2 物联网设备小额支付测试 ... 113

第8章　传统金融融合实验

- 8.1 资产代币化 ... 116
  - 8.1.1 国债质押稳定币：Ondo USDY ... 117
  - 8.1.2 贝莱德 BUIDL 基金赎回机制 ... 119

8.2 金融基础设施建设 ·· 121
 8.2.1 摩根大通 JPM Coin 清算网络 ······················ 121
 8.2.2 币股合一，7×24 小时证券结算系统替代方案 ······ 123
8.3 创新融合——支付实验 ··································· 124
 8.3.1 保险金链上支付通道 ······························ 125
 8.3.2 通过万事达卡发行稳定币借记卡 ·················· 126

第四部分 风险与未来演进

第9章 "黑天鹅"事件启示录

9.1 代表性"黑天鹅"事件 ··································· 130
 9.1.1 UST 脱锚时间轴（2022.5） ························ 131
 9.1.2 USDC 硅谷银行挤兑事件 ·························· 133
 9.1.3 BUSD 强制停止发行监管解读 ······················ 134
 9.1.4 Tether 储备争议法律纠纷 ························· 135
 9.1.5 DAI 抵押品集中度危机 ···························· 137
 9.1.6 闪电贷攻击致协议破产案例 ······················ 138
9.2 风险分析与解决方案 ····································· 139
 9.2.1 银行托管账户单点故障风险 ······················ 139
 9.2.2 OFAC 制裁与中心化审查风险 ····················· 141
 9.2.3 储备金审计标准争议焦点 ························ 142
9.3 防护升级：确保稳定币安全 ······························ 143
 9.3.1 跨协议传染风险模拟 ···························· 143
 9.3.2 预言机操纵攻击防御方案 ························ 145
 9.3.3 负溢价循环的阻断机制 ·························· 146

第10章 下一代稳定币创新

10.1 创新场景一：资产扩展 ·································· 148
 10.1.1 RWA 扩展：房地产现金流代币化方案 ············ 149
 10.1.2 碳信用衍生品稳定币的清算逻辑 ················ 150

10.2 创新场景二：技术架构突破 ………………………… 151
 10.2.1 Circle CCTP 全链传输协议 ………………… 151
 10.2.2 零知识证明储备验证系统 …………………… 153
10.3 创新场景三：未来融合实验 ………………………… 154
 10.3.1 MEV 保护型稳定币设计 …………………… 154
 10.3.2 CBDC 与稳定币互操作试验 ……………… 155
 10.3.3 AI 动态锚定模型 …………………………… 157
10.4 预测：稳定币将何去何从 …………………………… 158
 10.4.1 自建公链，摆脱平台税 …………………… 158
 10.4.2 告别草根时代，向"正规军"发展 ………… 160
 10.4.3 群雄并起：稳定币生态越发丰富 ………… 162

第一部分
稳定币基础

第 1 章 重新定义货币

从原始社会的牛羊贝壳，到古代的金属货币，再到现在的纸币与电子支付，人类对货币的探索从未停止。而在 AI、区块链等技术引发的数字变革中，稳定币作为"数字法定货币"的新形态，正重塑着全球价值传输体系。它既承载着加密货币的去中心化基因，又锚定法定货币的稳定性与安全性，成为连接现实世界与数字经济的桥梁。

本章将介绍何为稳定币，分析为何加密货币的困境会倒逼稳定币的诞生与崛起，稳定币和传统货币相比有何优势。同时，本章还会揭示稳定币的市场全景图，讨论金融/科技巨头入场带来的市场机会。

1.1 有趣的货币发展史

纵观货币发展史，货币的每次变革似乎都伴随着技术突破与制度创新。2008 年，比特币的横空出世彻底颠覆了传统货币的发行与流通逻辑。但以比特币为代表的加密货币却又面临诸多困境，难以承担支付职能。稳定币的诞生正是为了填补这一空白。本节将梳理货币进化路径，分析稳定币如何在困境中破茧而出，并聚焦 Tether 与 Circle 两大巨头的崛起，揭示稳定币市场的商业逻辑与生存法则。

1.1.1 货币演变：从实物货币到数字货币

货币的演变史是一部技术驱动价值承载形式进化的历史。

货币的价值来源于共识，大家都认定的有价值的物品被当作货币，最早的货币共识来自可吃、可穿、可用等实用价值。在原始社会生产力的提高催生剩余产品后，以物易物成为最早的交易形式——牛羊、谷物、布匹、贝壳等实物因为稀缺性和普遍需求成为临时性交易媒介。然而，这种交易媒介存在难以分割、不易储存和运输等缺陷，严重限制了交易效率和范围。

后来，金属货币出现了，引发了货币革命。金、银、铜等贵金属因为存量稀缺、易于分割、便于储藏等属性，逐渐取代实物货币，成为跨越文明和地域的通用货币。在中国，货币史上极具里程碑意义的变革发生在唐朝，当时"开元通宝"盛行，它不同于秦朝的"半两"钱，放弃了以重量命名货币的传统，开始在货币中融入权威、信用等要素。

尽管金属货币弥补了实物货币的诸多缺陷，但其产量受制于贵金属的天然储量和开采技术，难以满足日益增长的经济需求。这一矛盾在宋代尤为突出——由于连年战争导致铜储量锐减，政府被迫流通价值低廉的铁钱，十枚铁钱才能兑换一枚铜钱。携带大量铁钱进行大宗交易的极端不便，催生了人类历史上最早的纸币——交子。纸币的发展在元朝达到高峰，忽必烈推行"中统元宝交钞"，制定了世界上最早的纯纸币制度，其设计理念已接近近代纸币。

20世纪，纸币完成最后一次跳跃——1971年，布雷顿森林体系崩溃，美元与黄金脱钩，全球进入信用货币时代。自此，纸币的价值不再依托于实物，而是由国家信用赋予，并通过法律强制流通。这种做法虽然解决了金属供给受限等问题，但也带来了通货膨胀、主权违约风险等新的挑战。于是，乘着移动互联网等技术不断突破的"东风"，货币变革再次发生。

2008年，在金融危机背景下，一位化名为中本聪的神秘人物发表《比特币：一种点对点的电子现金系统》白皮书，提出了一种去中心化、基于密码学原理的数字货币设想。2009年1月，比特币创世区块诞生，标志着加密货币时代正式开启。由于比特币等数字货币的出现建立在密码学的基础上，所以又叫加密货币。

自20世纪90年代起，密码朋克运动推动了哈希算法、分布式账本、工作量证明、点对点传输等技术的突破。这些技术融合在一起，创造出一个不需要中心机构、全球共享账本、防篡改的数字货币体系，数字货币也因此具备了传统货币的核心特征——排他性和唯一性。

比特币的成功，激发了数字货币的创新，形成了多元化的生态系统。

1）竞争币与分叉币。莱特币等竞争币通过缩短区块生成时间提高交易速度；比特币现金（BCH）等分叉币则尝试解决比特币的扩容问题。

2）匿名币。门罗币等通过环签名、隐形地址等技术增强隐私保护，实现真正的匿名交易。

3）跨境支付币。瑞波币专注于银行、金融机构间的跨境结算，已与全球200余家银行和金融机构合作，交易成本远低于传统国际资金清算系统（SWIFT）。

与传统货币相比，上述数字货币，尤其是以比特币为代表的加密货币，在本质上实现了三大突破：通过算法规则和共识机制在全球发行；不依赖国家信用背书，价值源于网络共识和供需关系；点对点交易可以实现全球范围内的即时结算与支付。

另外要注意的是：数字货币并非传统货币的简单升级版。正如生物学中的生殖隔离，数字货币与传统货币之间存在着本质差异，它是货币史上的一个新物种，其核心意义在于：解锁之前不曾存在的应用场景，创造财富增量；提升社会运行效率，极大地降低资金流转成本。为实现全球经济公平提供基于技术的解决方案。这正是专家们要深入研究的课题，也是本书试图揭示的稳定币终极命题。

1.1.2 加密货币的困境与稳定币的诞生

加密货币面临三大困境：价格的剧烈波动性、与主权的对抗性、兑换法定货币的复杂性。

1）价格的剧烈波动性。某程序员曾用 1 万枚比特币仅换取两张比萨饼，一枚比特币价格不到 1 美分。次年比特币价格一度飙高到 32 美元后迅速回落到约 2 美元。剧烈的波动暴露了比特币等加密货币作为交易媒介的缺陷：今天当宝，明天成草。这种不确定性极强的价格，让投资者时刻处于风险中，也使加密货币难以在实际经济活动中担当日常交易载体或稳定价值储存工具的角色，极大地限制了其应用场景。

2）与主权的对抗性。部分加密货币试图打造一个完全脱离主权监管的"去中心化乌托邦"，但这一理念与现实经济体系存在根本冲突。即使没有价值波动问题，加密货币也难以被国家接纳为合规的货币。国际清算银行（BIS）曾在年度经济报告中明确指出，加密货币的抗审查特性与现有金融监管框架存在不可调和的矛盾；美国证券交易委员会曾对多家加密货币交易所提起诉讼。这些都反映出国家层面对这一领域的警惕态度。

3）兑换法定货币的复杂性。在数字货币发展初期，将比特币等加密货币兑换为美元等法定货币要经历烦琐的流程。而且，很多国家对加密货币交易实施严格的政策限制，导致场外交易成本非常高。用户必须通过特定的渠道完成兑换，不仅周期漫长，还可能面临高额溢价，这严重阻碍了加密货币与传统金融体系的融合。

因此，市场迫切地需要一种新型加密货币——既能为用户提供可靠的价值参考，又能简化法定货币与数字货币的兑换手续。在此背景下，稳定币应运而生。稳定币之所以能突破加密货币的困境，关键在于其具有三个看似矛盾却又高度统一的平衡属性，如表 1-1 所示。

表 1-1 稳定币三大属性

属性维度	核心内涵	解决的核心困境	代表体现
公权与私权结合	以主权信用为锚 市场机构发行	波动性困境 主权对抗性困境	法定货币储备 私营机构发行 铸币税归属明确

（续）

属性维度	核心内涵	解决的核心困境	代表体现
中心化与去中心化融合	中心化发行 去中心化流通	主权对抗性困境	私营机构控制 链上自由流通 智能合约自治
链上与链下协同	服务数字生态 赋能实体经济	兑换复杂性困境	DeFi（去中心化金融）基础货币 普惠金融 跨境支付革命

（1）属性一：公权与私权结合

稳定币在承认法定货币权威的前提下发挥私营机构的优势。

1）主流稳定币（如 USDT、USDC 等）均明确锚定美元等基于国家主权的法定货币，认可现有货币体系的权威性。不同于比特币对法定货币的颠覆，稳定币其实是法定货币的数字化映射符号，其价值根基源于主权信用，从而确保自己的价格能维持稳定。

2）交易所等私营机构是稳定币崛起的重要推手。稳定币由 Tether、Circle 等私营机构发行，它们通过技术创新、全球网络建设等，实现了远超传统银行的发行效率。截至 2025 年 6 月，Tether 发行的 USDT 市值超过 1500 亿美元，覆盖全球多个国家和地区。而 Tether 的员工仅不到 200 人，可见其发行效率之高。

3）稳定币发行不涉及货币制造，也不分享铸币税。用户购买稳定币实质上是将法定货币存入发行方，换取等值的数字凭证，此过程不会导致法定货币增发。

（2）属性二：中心化与去中心化融合

稳定币在技术架构上实现了中心化发行与去中心化流通的平衡。

1）稳定币的创建与销毁由发行方集中控制，储备资产则通过金融机构托管和投资。以 USDC 为例，Circle 负责发行，纽约梅隆银行负责资产托管，贝莱德负责管理储备资金，三者携手构建中心化的风控体系。

2）稳定币发行后，其流通过程基于区块链分布式账本，实现点对点、匿名性的去中心化交易。用户之间的转账无须通过银行或支付机构，直接在链上完成。这一属性保留了加密货币的优势——抗审查的结算能力。

3）DAI（以太坊上最大的去中心化稳定币）等去中心化稳定币的抵押、铸造、清算等核心功能均通过不可篡改的智能合约自动执行。即使发行方倒闭，这些智能合约仍能继续运行，保障用户的利益。

(3) 属性三：链上与链下协同

稳定币打破了数字世界与现实经济的边界，打造了双向价值通道。

1）稳定币最初旨在服务区块链生态内的交易需求，打破加密货币之间的兑换壁垒。如今，稳定币已成为 DeFi 生态中的基础货币，支持借贷等复杂金融活动。

2）在金融基础设施比较薄弱的地区，稳定币为无银行账户人群提供金融服务入口。例如，没有银行账户但有手机的人，可以通过稳定币钱包获得基本金融服务。而在高通胀国家，稳定币也能成为民众的"数字美元"避难所。尼日利亚 2024 年通过稳定币收取的侨汇高达上百亿美元，占该国侨汇总额 30% 以上。

3）传统跨境支付需经代理行、清算行等多个环节，耗时 3~5 天，费率很高。稳定币通过区块链实现点对点转账，3~5 秒即可到账，而且成本更低。

稳定币的真正创新在于其上述属性所创造的平衡艺术：在公权与私权之间找到利益交汇点；在中心化与去中心化之间实现功能互补；在链上与链下之间铺设价值桥梁。这种平衡，使其具有前所未有的金融包容性与高效性。

1.1.3　Tether 与 Circle：巨头的发家史与盈利模式

在稳定币赛道上，Tether 与 Circle 堪称两座难以逾越的高峰。这背后，蕴含着商业哲学与盈利路径，也暗藏着加密货币与传统金融体系交织的秘密。

1. Tether：从"野路子"到行业霸主的争议之路

Tether 于 2014 年诞生于中国香港，最初名为 Realcoin，由 Brock Pierce 等创立，锚定美元、欧元等多种法定货币，旨在解决比特币交易中价格剧烈波动的问题。后来，Realcoin 更名为 Tether，并正式上线核心产品 USDT。

Tether 的早期战略充满"灰色智慧"：将 USDT 与加密货币交易所 Bitfinex 深度绑定。用户在 Bitfinex 充值美元，兑换为 USDT，再用 USDT 交易其他加密货币，结算效率远高于传统银行转账。这种模式让 USDT 迅速成为加密市场的结算货币。

Tether 的"野路子"还体现在储备金透明度上。市场曾质疑 Tether 未足额储备美元，认为 USDT 发行可能存在无锚印钞情况。纽约州总检察长办公室调查显示，Bitfinex 曾挪用 Tether 的储备金填补自己 8.5 亿美元的亏损，后来 Tether 和 Bitfinex 与纽约州总检察长办公室和解，并支付 1850 万美元的罚款，承诺逐步披露储备金构成。至此，Tether 的储备金从纯美元现金转向"现金+短期国债+商业票据"的组合，并定期发布第三方审计报告。虽然现在争议尚未完全解除，但 Tether 合规性已显著提高。

2023 年，新掌门人 Paolo Ardoino 接任 CEO 后，Tether 一改保守姿态，一方面推出 Stable 链（以 USDT 为原生 GAS 代币的 Layer 1 公链），解决跨链摩擦问题；另一方面跨界投资 AI、生物技术，试图从稳定币发行方升级为区块链基础设施巨头。

2. Circle：合规先行的"国家队"逆袭标杆

Circle 成立于 2013 年，但其真正崛起始于 2018 年 USDC 的推出。与 Tether 的"草根出身"不同，Circle 从诞生就带着强大的合规基因——创始人 Jeremy Allaire 是互联网金融老兵，深谙监管规则，早期投资方包括高盛、IDG 等著名机构。

Circle 成功的关键在于借助监管红利。2018 年，Circle 与交易所 Coinbase 联合成立 Centre 联盟，推出 USDC，明确承诺 1∶1 锚定美元，每笔发行对应银行账户足额储备，并接受纽约州金融服务部监管。这种"强合规"的标签迅速获得市场认可，USDC 成为首个被主流金融机构接纳的稳定币。Circle 甚至还与美联储成员银行合作，打通法定货币与 USDC 的兑换通道。在此背景下，Circle 通过与一家特殊目的收购公司合作而上市，成为首个上市的稳定币发行方，进一步强化了合规巨头形象。

尽管成功之路不同，但 Tether 与 Circle 的盈利模式却高度相似。

1）用户购买 USDT/USDC 时，发行方收到美元并纳入储备金，赚取利息。Tether 将这些钱投资于短期国债、商业票据、银行存款等低风险资产；Circle 则将这些钱全部存放于美联储成员银行的隔离账户，或投资于美国国债。

2）用户在不同区块链之间转换 USDT/USDC 时，需支付少量手续费（通常由钱包或交易所代收，发行方分成），这是 Tether 与 Circle 的重要盈利来源。另外，为金融机构、电商平台等提供稳定币支付 API 接口，Tether 与 Circle 也会收取技术服务费。

3）当市场供需失衡导致 USDT/USDC 偏离 1 美元锚定时，Tether 与 Circle 可以通过增发/赎回 USDT/USDC 进行调节，赚取短期汇率差（此部分盈利规模较小，非二者的主要收入）。

Tether 与 Circle 的竞争，本质是灵活性与合规性的博弈：Tether 凭借先发优势和对加密市场的深度渗透，牢牢占据散户市场；Circle 则依靠金融机构信任和监管背书，在 To B 领域迅速扩张。二者共同推动稳定币从小众工具向金融基础设施进化，也为后来者指明了方向：商业逻辑的本质从未改变——信任，才是最值钱的锚。

1.2 思考：你了解稳定币吗

稳定币的迅速崛起引发了广泛关注，但其技术复杂性与监管模糊性也让很多人感到困惑。它究竟是传统支付工具的升级，还是一场颠覆货币体系的变革？成功的稳定币要满足哪些条件？又存在哪些潜在风险？本节将通过对比分析、诞生条件分析与风险预警，帮助读者穿透稳定币的认知迷雾，理解其在金融体系中的真实定位与意义。

1.2.1 传统支付工具 vs 稳定币

在阿根廷布宜诺斯艾利斯的一家咖啡馆里，店主通过手机即可完成一笔向中国茶叶供应商的付款——价值 1.2 万美元的 USDC 在 12 秒内跨越半个地球完成清算，手续费仅需 0.1 美元。而几年前，通过传统支付工具完成这样一笔跨境支付需辗转多家银行或中介机构，耗时数天，手续费高达上百美元。这种变化的深层原因就是稳定币。

1. 速度升级：从"日"到"秒"

1）秒级清算。稳定币通过分布式账本实现"支付即结算"，跨境转账耗时缩短，仅需几秒。

2）全时区运行。打破银行的工作日限制，实现 7×24 小时实时清算，让紧急货款支付、跨境薪资发放不再受到时区限制。

2. 成本颠覆：从"百分比"到"分币"

1）手续费更低。稳定币凭借链上点对点传输，省去中间商的抽成，手续费降低。

2）微支付经济激活。Plasma 链上的 USDT 转账实现零手续费，使物联网设备间低成本结算成为可能。相比于传统支付系统对小额订单收取固定高额手续费，稳定币在内容打赏、共享经济等微支付场景下优势明显。

3. 系统兼容性：无缝嵌入 DeFi 生态

1）抵押借贷。在 Compound、Aave 等协议中，稳定币占抵押品总量的大部分，用户可以随时质押 USDC 以提高资金流动性。

2）跨链流通。通过 Circle 的 CCTP 等跨链传输协议，USDC 可以在多条公链之间自由转移，解决了多链资产碎片化问题。

3）可编程支付。智能合约支持自动分账（供应链多级结算）、条件支付（贸易信用证触发释放），大幅降低了人工操作风险。

4. 场景渗透：从加密交易到普惠金融

1）新兴市场美元化储蓄。在土耳其、尼日利亚、阿根廷等高通胀国家，民众通过公链钱包直接持有 USDT，可以规避本币崩盘风险。

2）B2B 跨境直通车。渣打银行推出的稳定币方案，使企业之间的跨境支付实现秒级到账，助力中小企业避免被代理行"盘剥"。

3）全球薪酬网络。远程工作者/跨国工作者通过 USDT 领取薪酬，到账速度较传统跨境汇款更快，而且手续费更低。

稳定币以速度更快、成本更低等诸多优势，打破了传统支付工具多年未解决的瓶颈。但这仅仅是序幕，随着我国香港地区离岸人民币稳定币试点启动、美联储监管框架落地，我们将见证一个无须许可的全球支付网络加速成型。

1.2.2 成功的稳定币诞生需要什么条件

从 USDT 的野蛮生长到 USDC 的合规崛起，那些能穿越周期、占据较大市场份额的稳定币，往往能精准击中货币体系的痛点，为自己换取了更广阔的合法生存空间。

1. 交易场景绑定：稳定币的生存"土壤"

稳定币的本质是价值媒介，而媒介的价值在于被高频使用。成功的稳定币从诞生之初就必须锚定具体的交易场景，否则终将沦为无实际用途的"空气资产"。交易所生态的强绑定是最经典的场景逻辑。如前文所述，Tether 的崛起就是因为与 Bitfinex 的深度协同：当时 Bitfinex 交易所面临银行账户被冻结的困境，法定货币充值通道频繁中断，而 USDT 作为"链上美元"，解决了交易所内的资金结算问题。

垂直领域的场景渗透则是区域性稳定币的破局点。例如，去中心化金融平台 Celo 的 cUSD 稳定币绑定移动支付场景：在肯尼亚、尼日利亚等移动支付渗透率远高于银行账户渗透率的市场，cUSD 稳定币嵌入话费充值、水电费缴纳等高频场景。其成功的关键在于，它没有试图替代法定货币，而是填补了传统支付在跨境小额交易中的空白。

2. 高利息环境：盈利模式的放大器

稳定币的发行方并非公益机构，其持续运营依赖于可持续的盈利模式，而高利息环境为储备金管理者（即稳定币发行方）提供了广阔的收益空间。收益既是发行方的动力，也是用户信任的隐性支撑。当市场利率处于高位时，发行方通过将用户资金配置于短期国债、货币市场基金等低风险资产获得可观收益，进而反哺生态建设（如补贴用户手续费、优化技术基建等）。

2022 年美联储开启加息周期后，美国国债收益率至今保持在 4% 以上。2024 年，Tether 以 150 名员工的规模赚取了令人瞠目结舌的 137 亿美元净利润。高利息环境使稳定币发行方能够赚取高额利息，足以覆盖其运营成本并积累风险准备金。

高利息环境还能吸引用户主动持有稳定币。在传统银行存款利率接近零的时期，部分稳定币发行方通过储蓄产品将储备金收益让利给用户，形成持有即获利的正向循环。若长期处于零利率或负利率环境，稳定币的盈利空间被压缩，发行方可能被迫通过增发或降低储备金透明度维持运营，影响用户信任。

3. 通货膨胀：越发强烈的保值需求

在高通胀国家，资产持续缩水，而 USDT、USDC 等与美元锚定的稳定币，成为普通民众保护财富的重要防线。这类稳定币的成功，本质是对主权货币信用的延伸。它们不需要复杂的推广策略，只需满足 1∶1 锚定强信用货币（如美元）和法定货币兑换便捷两个主要条件，就能在通胀的市场中自然生长。

4. 美债危机：信任体系的"抗压测试"

美国财政部部长斯科特·贝森特曾直言，美国将利用稳定币来保持美元作为世界主要储备货币的地位。截至 2025 年 5 月，Tether 持有的美国国债超过 1200 亿美元。更令人震惊的是，Tether 的美债和黄金投资组合产生的投资收益超 10 亿美元，几乎抵消了同期加密货币市场波动造成的损失。在美债的传统主流持有者重新考虑资产配置方案时，稳定币发行方的及时买入有效消解了市场抛售压力。

稳定币的价值锚定依赖于储备资产的安全性，而在 USDT 的储备金中，美国国债占比非常高。这意味着，若美债出现危机（如偿付能力遭质疑、流动性枯竭等），USDT 必须具备储备资产的能力，才能维持锚定稳定性。因此，在美国债务上限危机期间，USDT 的储备金结构出现调整：美国国债占比降低，同时增持黄金和短期商业票据，通过资产多元化降低对美债的依赖。

对于新兴稳定币而言，美债危机可能是其弯道超车的机会。例如，锚定新兴市场货币（如人民币、印度卢比、巴西雷亚尔）的稳定币，若能通过算法动态调整资产权重，在美债波动期可以展现出更强的稳定性。BRICS（金砖国家）稳定币就采用了这种模式，其储备金包含金砖国家债券和大宗商品（如黄金、石油），上线半年内获得东南亚贸易商的广泛使用，交易额达到十亿美元级别。

总的来说，无论是主流稳定币还是新兴稳定币，要想在全球货币体系中占据一席之地，必须既能扎根场景，又能灵活应对环境变化，同时在储备资产上具备抗脆弱性。

1.2.3 预警——稳定币可能会在哪里出现问题

稳定币的"稳定"二字，本质上是对价值锚定与兑付能力的承诺。然而，这种承诺并非坚不可摧。历史经验与市场波动表明，稳定币的风险往往隐藏在看似坚不可摧的运作机制之下。其中，极速降息引发的盈利模式崩塌与托管抵押物的安全漏洞是最可能引发风险的两大问题。它们不仅会导致稳定币脱锚，更可能动摇整个金融体系的信任根基。

1. 极速降息：高息盛宴后的盈利之殇

锚定美元的稳定币的发行方的收入高度依赖美联储利率政策，这种特征在利率急剧波动时尤为突出。

以 USDC 为代表的储备型稳定币，其绝大多数收入来源于短期美债利息。若美联储急速降息，Circle 年收入将蒸发上亿美元，盈利受到严重影响。

sUSDe等收益型稳定币依赖永续合约资金费率套利。当市场进入低波动或熊市周期时，资金费率转负将导致收益枯竭。

如果因为利率波动导致赎回需求激增，而发行方的储备金因为投资长期资产而无法迅速变现（如长期国债需持有至到期才能保本），可能出现兑付延迟的情况，进而引发挤兑。

更隐蔽的风险在于负利率环境。若利率降至零以下，稳定币储备金不仅无收益，还需支付托管费，发行方可能被迫向用户收取持有费，这将直接削弱稳定币的使用价值，导致用户大规模流失。

2. 托管抵押物的安全漏洞：从"安全垫"到"定时炸弹"

稳定币的锚定机制依赖于其储备资产的安全性与流动性，而这一环节存在多个潜在风险点。

1）托管机构的信用崩塌。稳定币的抵押物通常托管于商业银行或第三方金融机构，若托管方出现危机或擅自挪用抵押物，抵押物的安全将直接受损。2023年硅谷银行（SVB）破产事件堪称典型：Circle将大约33亿美元的USDC储备金存放于SVB，银行倒闭后，这笔资金一度被冻结，导致USDC脱锚至0.87美元。虽然最后通过联邦存款保险公司全额兑付，但市场恐慌造成的连锁反应（如大量DeFi协议暂停USDC交易）仍持续了数周。

2）抵押物的流动性陷阱。一些发行方为追求高收益，可能将看似安全但流动性差的资产作为抵押物，如商业票据、结构性存款等。在市场正常时期，这些资产能顺利变现，但在极端行情下，可能遭遇流动性冻结，进而导致稳定币兑换量骤降。另外，若稳定币过度依赖单一类型抵押物，当该类资产价格波动，或市场对其信用质疑时，稳定币的稳定性将受到影响。

3）跨境托管的监管套利。部分抵押物会被托管于监管宽松的离岸金融中心（如开曼群岛、塞舌尔），这些地区虽然无严格的资金隔离要求，但一旦发生纠纷（如托管银行破产），用户难以通过法律途径追回资金。

Tether于2025年7月宣布终止对Algorand、EOS等5条链的USDT支持，导致相关链上USDT流动性冻结，用户资产实质上被锁定。跨链桥的包装代币也可能因原链资产冻结而失去价值，成为"幽灵资产"。

稳定币要避免出现问题，需推出更透明的储备金披露机制（如实时链上审计）、多元化的托管体系（分散于多家系统性重要银行），以及应对极端利率环境的风险准备金制度。而对用户而言，识别稳定币的问题，不仅要看其是否锚定1美元，更要追问：储备金放在哪里？由谁监管？在哪里以何种方式监管？投资了什么资产？

只有将风险显性化，稳定币才能真正担起数字金融基础设施的重任。

1.3 稳定币现状分析

稳定币市场已进入合规化与全球化并行的新阶段。USDT与USDC的市场份额超85%，但众多金融和科技企业巨头的入场正在打破双寡头格局。合规稳定币主导机构市场，去中心化稳定币深耕DeFi生态，形成互补共生格局。本节将从市场规模、合规与去中心化的博弈、巨头入场的影响三个维度，深入洞察稳定币市场的现状与未来趋势。

1.3.1 主流稳定币市场规模分析

截至2025年7月中旬，全球稳定币总市值已突破2600亿美元，成为加密货币生态中增长最快、规模最大的资产类别。在繁荣背后，市场格局正经历深刻重构：USDT以绝对优势稳居霸主地位，USDC凭借合规化战略紧跟其后，而去中心化稳定币DAI则异军突起，稳定币市场份额矩阵如表1-2所示。

表1-2 稳定币市场份额矩阵（截至2025年7月中旬）

梯　队	代表币种	总　市　值	市　占　率	核心特征
第一梯队	USDT	约1595.2亿美元	约61%	交易所霸权、多链发行
第二梯队	USDC	约636.3亿美元	约24%	合规优先、机构入口
第三梯队	DAI	53.6亿美元	低于2%	去中心化、超额抵押

DAI作为DeFi世界的自治货币，2025年7月中旬市值达到53.6亿美元。它采取多抵押品模式，通过ETH、wBTC、RWA代币等多元化背书实现强大的抗单一资产波动能力，成为Compound、Aave等借贷平台核心抵押品。而且，它支持以太坊、Arbitrum等二层网络，转账成本很低，链上交易速度远超VISA等传统支付工具。

综合来看，稳定币市场呈现鲜明的"双轨制"特征——USDT主导的民间美元化网络覆盖新兴市场，USDC构建的合规清算层渗入传统金融体系，而DAI代表的自治货币则在DeFi深水区开拓新边疆。

未来几年，市场也许将见证关键转折：是Tether的灵活储备模式经受住监管考验？还是Circle借助美股通道吸收传统资本？抑或是DAI以RWA抵押打开万亿美元级市场？这些问题的答案我们虽然尚无从知晓，但可以确定的是，稳定币的市值份额不仅是资本流动的刻度，更是数字经济主权分配的预演。

1.3.2 合规稳定币 vs 去中心化稳定币

自USDT诞生以来，在全球稳定币市场中，稳定币已分化出两大阵营：合规稳定币与去中心化稳定币。二者既在很多方面存在显著差异，又共同推动着全球价值传输体系的变革。

1. 本质差异：稳定性机制的底层逻辑

1）合规稳定币的稳定性源于1∶1法定货币储备或高质量流动资产抵押，其发行与赎回由中心化机构主导，且需接受监管约束。这种机制的核心是中心化机构的信用+法定货币/资产的流动性，价格波动比较小，极端情况下能通过增发/赎回修正偏离。

2）去中心化稳定币的稳定性需通过加密资产超额抵押或算法动态平衡供需实现锚定，规则写入智能合约，全程链上可追溯。其价格波动通常高于合规稳定币，但通过智能合约的自动执行保障了"无须许可"的特性。

2. 治理模式：中心化控制与去中心化自治的对立

1）合规稳定币的治理高度集中。发行方掌握稳定币的"生杀大权"，包括但不限于：储备资产的管理与调整、账户冻结与交易限制、发行与赎回的权限等。这种控制权是监管要求的直接体现，也是用户降低欺诈风险的安全网。

2）去中心化稳定币的治理核心是去信任化，包括但不限于规则由智能合约定义、无单点控制权、社区共治等。这种治理模式的理想状态是"代码即法律"，但现实中仍面临挑战。例如，稳定币 crvUSD 遭遇攻击后，依赖社区治理的应急响应机制，响应速度要慢于中心化发行方的人工干预响应机制。

3. 监管博弈：合规性溢价与去中心化的生存空间

1）合规稳定币的核心策略是"拥抱监管"，通过获得牌照换取市场准入资格。例如，Circle 持有美国多个州的 MSB 牌照、欧盟电子货币机构牌照，其运营严格遵守反洗钱、反恐怖融资规则。目前，摩根大通、高盛等机构已将 USDC 用于跨境结算，Stripe、PayPal 等支付巨头也支持其作为支付工具。

2）去中心化稳定币的匿名性、无须许可性与监管框架存在冲突。例如，反洗钱法规要求交易可追溯，但去中心化稳定币（如基于隐私协议的稳定币）难以满足客户身份审查、反洗钱要求，可能被视为洗钱工具。为应对监管压力，部分去中心化稳定币已开始做出合规化妥协。Ethena 的 USDe 虽然采取去中心化发行机制，但其储备资产（美债）托管于金融机构，而且主动配合链上数据分析以满足反洗钱要求，试图在去中心化与监管友好之间寻求平衡。

4. 应用场景：互补而非替代的生态位

1）合规稳定币主要应用于跨境支付、机构资产托管等场景，这些场景的需求是合规性与稳定性，用户愿为降低监管风险牺牲部分自由度。

2）去中心化稳定币则主要应用于 DeFi 基础设施建设、抗审查支付、跨链价值传输等场景。这些场景的需求是无须许可与抗审查，用户愿承受更高的技术风险以换取自由度。

长期来看，合规稳定币与去中心化稳定币将形成互补共生格局：前者主导传统金融体系与机构场景，去中心化稳定币深耕加密原生生态，而技术迭代、监管机制优化等将推动二者在稳定性与自由度之间找到新平衡点。对用户而言，这种多元选择恰恰是稳定币越发成熟的标志。毕竟，金融体系的韧性源于多样性，而非单一模式的垄断。

1.3.3 市场机会：有渠道优势的金融/科技巨头突袭

Ripple（一家专注于跨境支付的美国金融科技公司）曾预测：稳定币市场规模将在未来几年增长至数万亿美元。在以往很长一段时间内，稳定币这块"蛋糕"虽然在持续扩大，但"刀叉"已被 USDT、USDC 等巨头垄断。而如今，随着稳定币监管框架的形成与完善，蚂蚁集团、京东、沃尔玛、亚马逊等有庞大用户基数与全球化渠道的巨头纷纷强势入局，挑战 USDT、USDC 的双寡头地位。

这些巨头已展现出清晰的战略路径。

（1）金融机构驱动型战略

渣打银行联合安拟集团、香港电讯成立合资企业，依托银行的信用体系和客户资源切入稳定币托管领域；众安在线旗下的众安银行为稳定币的发行方提供储备银行服务，是香港首家提供此服务的数字银行。

（2）科技企业主导型战略

蚂蚁集团旗下蚂蚁数科将全球总部设在香港，目前已完成监管沙箱测试，并计划推出多币种稳定币；京东币链科技作为首批"稳定币沙盒"参与者，已成功投入跨境支付、投资交易等场景的第二阶段测试。

（3）混合生态联盟型战略

Ripple 与纽约梅隆银行合作推出美元储备托管机制，并申请美国 OCC（美国货币监理署）国家银行牌照。这种"技术+金融"双背书模式，提高了其市场信任度。

这些巨头的核心竞争力在于场景入口的绝对控制权，由此形成渠道优势的降维打击。支付宝、微信等超级 App 覆盖全球超 30 亿用户，其稳定币若嵌入现有支付网络，将直接触达传统金融体系难以渗透的长尾市场。例如，沃尔玛、亚马逊等零售巨头瞄准供应链金融场景，通过稳定币实时结算降低供应商的账期压力。美国零售业曾因为传统支付延迟导致资金占用成本高达上百亿美元，稳定币的应用可以使这一成本大幅降低。

此外，品牌信任也成为用户选择稳定币的关键因素。硅谷银行危机曾导致 USDC 脱锚至 0.87 美元，凸显储备资产安全的重要性。纽约梅隆银行为 RLUSD 稳定币提供储备托管服务，用户对百年银行背书的信任感直接转化为消费意愿，仅上线数月，其市值便突破 5 亿美元。

在渠道与品牌优势的作用下，这些巨头推出的稳定币正逐渐替代美元现钞成为主要价值储存手段，尤其在土耳其、阿根廷、尼日利亚等法定货币波动剧烈的国家更是如此。这种"数字美元化"趋势，使企业在新兴市场的获客成本较传统金融机构更低。

可以说，在这场稳定币竞争中，谁能最大化地发挥自己的优势，将稳定币从加密货币的边缘工具升级为全球支付与金融的基础设施，谁就能把握住机会，占据主动权。而用户则需擦亮双眼，关注企业获得牌照的进度及其技术落地效果等，以保障自己的利益不受损。

第 2 章　稳定币供需动力学

稳定币与美元 1∶1 锚定是供需两端动态博弈的结果：当市场对稳定币的需求激增时，需通过发行机制扩容供应；当需求萎缩时，需通过销毁机制收缩流通量。供需失衡可能引发价格脱钩，而供需平衡则依赖锚定机制、流动性支撑与套利行为的协同作用。本章将分析稳定币供需的底层逻辑，从锚定维持的市场机制，到收益与流动性的权衡，再到跨市场套利对供需的调节作用，揭示"供需平衡—价格稳定—生态扩张"的正向循环如何构建。

2.1　锚定维持机制

锚定汇率（通常是 1∶1 锚定美元）是稳定币的"生命线"，而维持锚定汇率的核心是通过市场机制抵消供需波动。当稳定币的价格偏离锚定汇率时，套利者的逐利行为会成为自动纠偏器——低价时买入、高价时卖出，推动价格回归。与此同时，交易所的实时监控体系则为市场提供预警信号，提前识别脱钩风险。本节以维持锚定汇率的两大支柱为主题，分析套利者如何实现供需平衡，以及交易所如何构建溢价指标监控体系，为稳定币流通保驾护航。

2.1.1 套利者维持锚定的市场机制

稳定币维持与法定货币（主要是美元）的价值锚定，依赖于一套精巧的市场机制，其中套利者扮演着价格平衡者的角色。这一市场机制建立在"一级市场+二级市场"的双层市场结构之上。

在一级市场中，套利者直接与稳定币的发行方交易，通过存入美元现金来创造新稳定币，或将稳定币赎回换取美元现金。以 Tether 为例，其每月平均仅允许 6 个金融机构参与赎回操作，并设置 10 万美元的最低交易规模及 0.1% 的赎回费。相比之下，USDC 虽然开放普通企业注册套利资格，但仍需合规审查，并有事实上的体量要求，对中小企业来说参与门槛难以跨越。

绝大多数投资者选择在二级市场通过交易所（如 Binance、Coinbase）进行稳定币买卖，供需关系决定价格波动。USDT 的价格波动显示出一定的不稳定性，在某些时期可能会出现折价，但更多时候表现为溢价；而 USDC 则通常维持较小的价格波动，多数情况下呈现轻微的折价状态。这些现象反映了市场对不同稳定币的信心及供需动态的变化。

套利行为将两个市场连接在一起。稳定币的一级市场兑换价格保持在锚定价格，当稳定币在二级市场的价格偏离锚定价格时，套利者可以通过在一、二级市场间低买高卖的跨市场操作获得利润。从经济学视角看，稳定币的价格偏离是供需失衡的表现。当需求激增（如加密货币市场牛市期间的避险需求）时，价格可能短暂升至 1.01 美元以上，形成溢价；当市场恐慌引发抛售潮时，价格可能跌至 0.99 美元以下，出现折价。

溢价时，套利者从一级市场购买稳定币去二级市场出售获利，满足激增的需求方；折价时，套利者从二级市场购买稳定币去一级市场出售获利，满足恐慌的供应方。只要价差存在，套利者就可以不断获利，直到满足所有出价激进的需求方或者供应方，使得市场上仅剩下出价在合理范围内的报价单。这样推动价格回归均衡。套利者的存在使价格偏离难以长期维持——溢价时的供给增加与折价时的需求提振，形成了类似"弹簧"的弹性调节机制。

不过套利者维持锚定的效果并非恒定，而是会受到以下多重因素的制约。

1）流动性制约。稳定币价格曲线是根据具体的买卖双方成交价格而变动的。在高流动性市场中，买卖双方的需求量都足够大，套利者可以快速完成低买高卖而不显著影响稳定币价格；而在流动性枯竭的市场中，套利操作可能导致滑点（下达订单时预期的成交价格与实际可成交价格之间的偏差）过大，无法成交。在这样的情况下，价格偏离就会持续存在。

2）交易成本制约。手续费（如交易所佣金、区块链交易手续费等）、资金成本等会直接影响套利动机。例如，当USDC出现短暂折价时，部分套利者因为以太坊网络交易手续费激增放弃套利操作，延缓了价格回归速度。

3）信息时间差制约。合规稳定币的储备金审计报告、去中心化稳定币的智能合约数据，都是套利者判断价格偏离合理性的关键。某稳定币曾因储备金披露不及时引发市场质疑，导致折价5%以上，而信息滞后使套利者错失最佳介入时机。

4）不同国家对稳定币套利的合规要求（如反洗钱审查、资本流动限制）可能阻碍跨市场套利。例如，某些地区的用户无法直接参与稳定币与法定货币的兑换，导致该地区稳定币价格长期存在溢价，套利行为难以产生利润。

另外很重要的一点是，尽管套利者是稳定币锚定的核心力量，但在极端行情下，单纯依赖套利行为获利可能出现市场失灵的情况，此时发行方必须主动干预。例如，在出现货币流动性危机时，各类稳定币均出现不同程度的价格偏离，尽管套利空间大，但套利者因为担心市场持续动荡而暂停操作，最后是发行方注入储备金才稳定了价格。

对于算法稳定币，套利行为的失灵十分常见。由于缺乏实际抵押品，当用户的信心崩塌时，套利行为可能从价格稳定器转化为风险放大器。面对这种情况，发行方必须迅速启动应急机制，如吸引外部资本注资、调整算法参数等。

部分套利者甚至还会通过操纵市场，制造虚假价格偏离（如在流动性差的交易所进行大额交易），诱使其他参与者跟风，进而获利。这种行为会干扰正常的套利行为，需要发行方通过监控异常交易、调整手续费结构等方式进行遏制，以维持市场的正常秩序。

2.1.2 交易所的溢价指标监控体系构建

稳定币的价格稳定性直接关系到加密货币体系的健康度。但二级市场中稳定币的价格通常不会严格锚定 1 美元（有时会折价，有时则会溢价）。这种价格偏离既是供需的"晴雨表"，也可能在预示着一些潜在的风险。

因此，构建科学、有效的溢价指标监控体系，已成为交易所的工作重心之一。溢价指标监控体系包括但不限于以下指标，如图 2-1 所示。

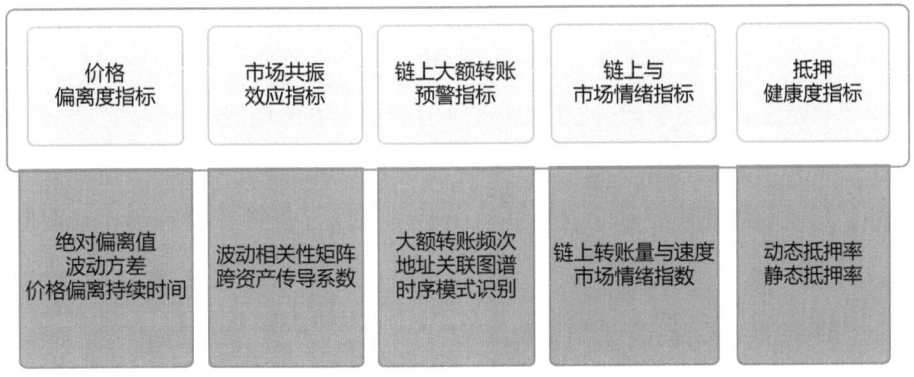

图 2-1 溢价指标监控体系中的主要指标

1. 价格偏离度指标：从多角度量化

1) 绝对偏离值：实时计算稳定币的价格与 1 美元之间的差值。

2) 波动方差：统计单日振幅离散程度。

3) 价格偏离持续时间：记录溢价/折价状态保持的时间，超过阈值可能预示流动性枯竭或套利行为失灵。

2. 市场共振效应指标：波动传导效应

1) 波动相关性矩阵：当某个稳定币的价格出现剧烈波动时，其他稳定币有很大概率随之一起出现价格波动。

2）跨资产传导系数：监控 BTC 等主流币的波动对稳定币的冲击。

3. 链上大额转账预警指标：波动早期信号

1）大额转账频次：对单笔超一定阈值（如 1000 万美元）的转账进行重点监控。

2）地址关联图谱：追踪转账发起方是否为已知交易所或做市商。若资金最终流入交易所，稳定币价格波动的概率更高。

3）时序模式识别：历史回测显示，价格振幅超过均值，出现大额转账的概率非常高。

4. 链上与市场情绪指标：追踪交易行为

1）链上转账量与速度：监控稳定币的链上转账量和平均确认时间。例如，USDT 单日链上转账量若超过 50 亿美元，可能预示着市场情绪出现剧烈波动。

2）市场情绪指数：整合社交媒体（如 X（Twitter）、TikTok）、论坛（如 Reddit）的关键词热度，结合自然语言处理等技术分析用户的情绪并按需触发警报。

5. 抵押健康度指标：针对算法稳定币

1）动态抵押率：监控 GHO 等稳定币的实时抵押率。例如，Aave 要求最低抵押率为 400%，当全网平均抵押率逼近 450% 时需预警。

2）静态抵押率：记录各类抵押物的占比情况。若单一资产类别占总抵押品的比例过高，可能引发清算风险。

交易所实现对溢价指标的监控，需依靠全维度监控平台，其架构如下所示。

1）数据层：存储原始数据和预处理后的数据，包括链上转账数据、交易所订单簿深度、协议抵押状态等。

2）计算层：部署波动率曲面模型量化价格偏离风险，通过向量误差修正模型分析跨币种传导情况。

3）应用层：通过可视化平台展示指标，并与交易系统对接实现自动套利。

① 实时仪表盘：可视化溢价热力图与净流入趋势。

② 自动预警系统：当多项阈值同时触发时，向交易所的相关人员发送风控指令。

③ 套利信号生成：识别跨交易所价差与协议赎回套利空间。

如果将稳定币比喻为仪表盘，那么溢价指标监控系统则是表盘上的警示灯——它不驱动齿轮转动，却能显示出异常情况。警示灯闪烁，即市场向套利者与监管者发出信号。此时，必须采取相应的应对措施。

2.2 收益与流动性博弈

稳定币的供需平衡不仅依赖价格锚定，还取决于收益吸引力与链上流动性：过高的抵押收益可能吸引用户涌入，但过度锁定储备资产会降低流动性；反之，流动性过强，若缺乏收益支撑，又会导致储备资产流失。本节将从收益与流动性的核心关系切入，先分析抵押收益的来源，再介绍流动性深度的测量方法与储备证明（PoR）验证技术。

2.2.1 抵押收益的三重来源

稳定币的抵押机制，核心是通过资产担保撬动价值再分配——用户将稳定币作为抵押品锁定于某种特定的协议中，以其价值稳定性为基础，为其他金融活动（如借贷、合成资产发行等）提供信用支撑，进而从这些金融活动中获得收益。基于此，收益来源可以分为以下三大类。

1. 借贷协议中的抵押利差收益

稳定币的价格稳定性使其成为抵押的理想工具：用户抵押稳定币，借出高波动资产（如 ETH、BTC），再将借出的资产兑换为稳定币重复抵押，通过杠杆放大收益。

例如，在某协议中，用户抵押 1000 USDC，可以借出价值上百美元的 ETH；

然后将 ETH 兑换为 800 USDC，再次抵押借出 640 美元的 ETH。这样重复操作 3 次后，初始资金可以撬动数倍的 ETH 敞口。通常杠杆倍数越高，利差放大效应越显著。

风险提示：杠杆操作需承担清算风险——若借出资产价格暴跌，抵押率低于阈值，协议将强制平仓。LUNA 崩盘期间，大量抵押 USDC 借出 LUNA 的用户因为 LUNA 价格归零被清算，损失惨重。

2. 合成资产发行的溢价收益

当稳定币作为抵押品用于创造合成资产（如挂钩股票、大宗商品的代币）时，合成资产与标的资产的价格偏离（溢价或折价）便成为抵押收益的一大来源。其本质是通过稳定币的价值锚定功能，为链上资产与链下标的价格套利提供担保基础。

例如，某用户抵押 2000 USDC 创造 1000 美元 sETH，卖出后获得 1050 USDC，销毁 sETH 偿还债务后净赚 50 美元，扣除手续费后年化收益比较可观。

限制条件：溢价套利依赖市场流动性，若合成资产交易深度不足，大额卖出可能导致价格骤降，吞噬收益。此外，很多协议会设置套利冷却期，限制高频操作。

3. 抵押品赋能的治理分红收益

在部分协议中，稳定币抵押不仅是信用担保，还与治理权绑定。也就是说，抵押量越高，用户获得的治理代币就越多，进而可以分享协议的现金流分红。以 Curve 的 CRV 锁仓分红为例，用户抵押 USDC 进入 Curve 的稳定币池，获得 CRV 代币，锁仓 CRV 可以提高 veCRV 权重。veCRV 权重越高，用户分得的手续费就越多，同时可优先拿到新币空投。

价值逻辑：稳定币的抵押行为为协议提供了流动性基础，而协议的盈利能力（如手续费）依赖协议的流动性，因此"抵押—治理—分红"的闭环本质是贡献者分享增长红利，稳定币的低风险特性则确保了抵押的可持续性与安全性。

上述三大类收益均存在边界：

1）借贷利差受限于杠杆倍数，过高易触发清算。

2）合成资产溢价套利依赖市场非理性波动，长期价格终将收敛。

3）治理分红与代币价格强绑定，代币暴跌可能导致分红收益归零。

这三大类收益本质上是稳定币的价格稳定性在金融活动中的价值释放：借贷利差体现了低风险资产的杠杆红利，合成资产溢价捕捉了市场定价的短期失衡，治理分红分配了生态增长的长期价值。用户可以根据自己的风险偏好选择组合策略。

2.2.2 链上流动性深度测量方法

与传统金融体系不同，区块链的公开、透明等特征使稳定币的流动性呈现可视状态，每秒产生大量交易轨迹与资金流向等数据。这种看似可视的环境却隐藏着复杂的技术挑战。

例如，USDC 因为 33 亿美元储备被冻结而脱锚时，Uniswap V3 上 USDC/USDT 池的总锁定价值（TVL）在 48 小时内骤降，而边际即时成本指标则迅速飙升。此现象揭示了透明度悖论：USDC 的高频储备披露本意是提高用户的信任度，却在危机中加剧了流动性恐慌；而 USDT 的不透明性反而成为流动性的"缓冲垫"。

这种反直觉效应要求我们必须构建起多层级的流动性深度测量体系。

1. 流动性深度测量概述

（1）基础指标

1）订单簿厚度。通过链上订单簿数据计算买卖盘在不同价格档位的挂单量，通常以"最佳五档深度"为标准。例如，USDT 在以太坊链上的订单簿中，0.999～1.001 美元价格区间的挂单总量可以反映其即时流动性。

2）交易量与流通量比率。计算公式为：链上交易量/流通量×100%。该指标越高，说明资产活跃度越高。

3）滑点敏感性。通过模拟大额交易的价格波动计算滑点率，滑点率越低，流动性深度越优。

4）稳定币供应比率（SSR）。当 SSR 降低时，意味着加密货币市场的购买力处于高位。

（2）TVL 及其衍生指标

1）资产构成比。例如，Curve 的 crvUSD/USDT 池中 USDT 占比激增，预示大户正在撤出风险更高的 crvUSD，即便 TVL 总量未变也暗示潜在流动性迁移。

2）跨链分布。同一稳定币在不同链上的年化收益率差异可能揭示套利机会与跨链流动性失衡。

3）持有期限。当稳定币池内的平均持仓时间小于 7 天时，预示短期投机资金主导，对负面消息敏感度更高。

2. 流动性深度测量方法和工具

进行流动性深度测量，可以使用以下方法和工具。

（1）链上数据聚合工具

1）TradingView 的 Crypto USD Liquidity 指标：整合 USDT、USDC、DAI 等主流稳定币的链上供应数据，通过变化率和平滑处理生成流动性趋势图，辅助识别市场转折点。

2）Token Explorer 的稳定币分析平台：提供交易所流量追踪、资产比率基准和余额分布审计。例如，监测 USDT 在 Binance 与 Coinbase 之间的净转移量，识别机构持仓集中风险。

（2）AMM（自动做市商）模型与流动性池监控

1）Curve Finance 的 Stableswap 算法：通过虚拟中间代币技术将 USDC/USDT 兑换滑点控制在 0.01% 以内，其流动性池深度与 CRV 代币激励直接相关。

2）LayerZero 跨链流动性协议：通过 OFT 标准实现 USDT0 在多链之间的 1:1 兑换，解决流动性碎片化问题。

（3）学术方法与创新模型

1）熵值测量法：基于香农的信息熵理论，对高频交易背后的数据进行复杂度分析。例如，通过计算 USDT 在不同链上的交易分布熵值，判断流动性是否均衡。通常熵值越高，意味着流动性越分散。

2）市场深度模型：参考订单簿厚度指标，结合订单簿数据与交易执行速度，量化流动性深度与市场风险的关联。

3）边际即时成本模型：通过买单成本、卖单成本、买卖失衡量化即时交易成本。

4）资本充足率与流动性覆盖率模型：创新性地提出两大实时风险指标，即资本充足率（CAR）和流动性覆盖率（LCR）。该模型会在 CAR 低于设定阈值时，自动触发资本补充机制；而当 LCR 低于 100% 时，则会启动短期国债抛售程序，避免出现决策延迟等现象。

2.2.3 储备证明（PoR）验证技术

储备证明是指稳定币的发行方通过技术手段向用户证明："我"持有的储备资产与流通中的稳定币保持对应关系（通常为 1∶1 锚定）。其核心验证目标有以下三点：

1）足额性：储备资产价值≥流通稳定币总量（按锚定汇率计算）。

2）真实性：储备资产为真实存在的合法资产，非虚构、非重复抵押。

3）可审计性：验证过程公开、透明，第三方可以独立复现结果，而且数据不可篡改。

通常不同稳定币的发行方需提供的储备证明是不同的。例如，USDC 的发行方 Circle 需证明其银行账户中的美元现金及短期国债总额，与链上流通的 USDC 总量完全匹配；而 DAI 等算法稳定币则需证明抵押品（如 ETH、USDC）的清算价值足以覆盖流通量。

目前，PoR 验证技术经历了从中心化审计到链上自动化验证的演变。

（1）传统第三方审计验证

第三方审计验证是早期稳定币储备的主流验证方案，即由具备资质的会计师事务所对发行方的储备资产进行定期审计，出具审计报告并公示。

具体操作流程如下：

1）审计机构对发行方的银行账户、证券账户等储备资产进行"快照"，记录资产类型、数量与价值等。

2）同步链上稳定币的流通总量（通过区块链浏览器查询智能合约余额）。

3）对比两者是否匹配，出具合规性报告。

这种方案属于"快照"式验证，存在审计后资产被调包的风险。而且，其依赖审计机构的公信力，容易出现道德风险，并且细节可能不够清晰。

（2）链上哈希验证（默克尔树技术）

随着区块链技术越来越成熟，链上透明化验证成为趋势，其中默克尔树技术是核心工具。其原理是将储备资产相关数据通过哈希算法生成唯一根哈希，上链存证，用户可以通过验证自己的数据与根哈希的一致性来确认资产真实性。

具体操作流程如下：

1）发行方将储备资产分类，生成明细清单（包括账户号、金额、时间戳等）。

2）对明细清单上的数据进行哈希运算，构建默克尔树（叶子节点为单条资产哈希，非叶子节点为子节点哈希的组合）。

3）将默克尔树的根哈希写入智能合约，同时公开明细清单的哈希值。

4）第三方验证单条资产哈希是否属于根哈希对应的树结构，以确认资产未被篡改。

（3）智能合约自动验证

以加密货币为储备资产的稳定币，如 DAI、sUSD，可以通过智能合约实现实时自动验证。其核心是利用区块链的可追溯性，直接查询抵押品地址的余额，并与流通总量动态比对。其实时性强，无人工干预，而且验证门槛低。

具体操作流程如下：

1）智能合约内置储备资产验证模块，预设抵押品资产列表。

2）模块定期（或实时）调用链上 API，查询抵押品地址的余额。

3）按照预设汇率计算抵押品总价值，与流通稳定币总量对比。若价值不足，智能合约自动触发预警机制（如暂停铸造、启动清算）。

(4）零知识证明（ZKP）与隐私保护

当发行方需要保护储备资产的细节（如银行账户信息、资产组合）时，零知识证明技术是一个不错的选择。在实操时，发行方要生成"储备资产价值≥流通量"的数学证明，仅公开证明结果（如有效或无效），第三方无须知晓资产的细节即可验证结论正确性。这种方法适用于储备资产包括传统金融资产（如银行存款、债券）的稳定币。

例如，某发行方持有多家银行的匿名账户，通过零知识证明总余额达标，同时不暴露账户信息。但其技术复杂度高，证明生成与验证耗时较长，还需平衡隐私与审计机构的监管需求。

虽然技术不断迭代，但 PoR 验证仍面临多重现实挑战，具体如下。

1）资产权属模糊。审计报告可能仅证明"某账户有资金"，但无法证明该资金归属发行方（可能为借贷、抵押或第三方托管资产）。

2）跨机构协同难题。若储备资产分散在多家交易所，统一验证需各方配合提供数据，容易出现信息孤岛问题。USDT 的储备资产曾分散在数十家银行，审计机构需逐一对账，效率低而且容易出现数据遗漏。

3）"窗口装饰"风险。发行方可以在审计前夕临时补充资产，并在审计后将资产抽离，形成表面合规，避免真实储备资产不足的问题。

4）隐私与透明度的平衡。过度透明可能泄露发行方的商业机密（如储备资产的具体投资组合），但过度保护隐私又会削弱其公信力，如何在二者之间找到平衡点是行业难题。

相信随着多技术融合、监管标准化与社区参与度提高，上述问题会被逐一解决。不过在此之前，发行方需选择适配的 PoR 方案。这不仅是合规要求，更是赢得市场长期信任的关键。因为，稳定币的稳定，一定是始于储备资产的可信。

2.3 跨市场套利策略实操

当不同市场出现价差时，套利行为会引导稳定币从过剩市场流向短缺市场，最后抹平价差、平衡供需。从低风险的现货-期货套利，到依赖链上效率的跨 DEX（Decentralized Exchange，去中心化交易所）三角套利，再到极端行情下的风险对冲操作，套利策略的实操逻辑始终围绕"供需错配—价差出现—套利介入—供需修复"的闭环。本节聚焦实战层面，介绍不同套利策略如何影响稳定币流动及供需，以及在操作中如何兼顾收益与风险，让套利行为成为稳定币生态的平衡杠杆。

2.3.1 现货-期货套利

在现货与期货市场中，受资金供需、市场情绪、流动性差异等因素的影响，稳定币的现货价格（S）与期货价格（F）常出现短期偏离，形成期货溢价（F>S）或期货贴水（F<S）。现货-期货套利的本质，正是利用稳定币的价格偏离在到期日（或通过合约机制）收敛的规律，通过低买高卖赚取无风险或低风险收益。

与其他加密货币相比，稳定币套利的优势在于：

1）价差收敛确定性强。由于锚定机制约束，稳定币的现货与期货价格长期必然回归至锚定价格附近，价差大幅偏离后修复概率更高。

2）风险低。即使价差短期扩大，稳定币的价格波动也比较小，不容易出现极端亏损。

3）跨市场流动性适配。主流稳定币在现货与期货市场均有深度流动性，便于套利。

根据期货价格与现货价格之间的关系，稳定币套利可以分为两种模式。

（1）正向套利（期货溢价：F > S）

当期货价格高于现货价格时，套利者可以通过买入现货并卖出期货锁定收益，具体操作如下：

1）在现货交易所以价格 S 买入一定数量的稳定币。

2）在期货交易所以价格 F 卖出同等数量的稳定币期货合约（到期日 T），保证金按照交易所要求缴纳。

3）持有至到期日 T 时，若价差收敛，平掉期货空单，同时卖出现货，赚取价差（F-S）扣除交易手续费、保证金利息后的净收益。

4）若为永续合约（无到期日），则通过资金费机制实现套利——当期货溢价时，空方会收到多方支付的资金费，套利者可以长期持有头寸，赚取价差和资金费双重收益。

(2) 反向套利（期货贴水：F < S）

当期货价格低于现货价格时，套利者需通过卖出现货并买入期货锁定收益，具体操作如下：

1）若手中持有稳定币，直接以价格 S 卖出；若没有，则通过质押借贷借入稳定币卖出，支付借贷利率。

2）以价格 F 买入同等数量的期货合约（到期日 T）。

3）持有至到期日 T 时，期货平仓获得稳定币，偿还借贷本金及利息，赚取（S − F）扣除借贷成本、手续费后的收益。

这种反向套利需依赖借贷市场，若稳定币借贷利率过高（如市场恐慌时借贷需求激增），可能吞噬价差收益。

除了以上两种模式，稳定币的同质化特性也为套利者创造了更多提高收益的机会。

1）跨平台价差捕捉。不同交易所的现货-期货价差可能存在差异。假设交易所 A 的 USDT 现货价格为 0.999 美元，期货溢价为 0.002 美元，而交易所 B 的 USDT 现货价格为 1 美元，期货溢价为 0.003 美元。套利者可以在交易所 A 买入现货，在交易所 B 卖出期货，以扩大单位收益。

2）替代稳定币套利。当 USDT 期货溢价较高时，若 USDC 现货与期货价差较小，可以买入 USDC 现货（成本更低），同时卖出 USDT 期货，通过两者的锚定一致性间接赚取 USDT 的价差收益，降低单一稳定币的流动性风险。

3）杠杆增强收益。在正向套利中，若交易所支持杠杆现货交易，套利者可以通过借入稳定币扩大持仓规模，在价差不变的情况下提高收益（需注意杠杆利息与爆仓风险）。

4）套利组合构建。同时操作多个稳定币，利用其价差波动的非相关性分散风险，避免单一币种的"黑天鹅"事件影响。

对低风险偏好者而言，现货-期货套利是一个理想选择，其核心优势在于锚定机制带来的价差收敛确定性。但随着稳定币市场逐渐成熟，其价差波动将逐渐收窄，套利者需采取其他方案提高收益，同时警惕稳定币脱钩、流动性断裂等极端风险。

2.3.2 跨 DEX 三角套利

DEX（去中心化交易所）的崛起为稳定币套利提供了新场景。DEX 是基于区块链智能合约运行的自动撮合交易平台，交易双方通过流动性池完成资产兑换。由于不同交易所的流动性池独立定价，且资金供需实时波动，同一稳定币在不同交易所的兑换价格常出现短暂偏离。跨 DEX 三角套利正是利用这种偏离，通过三种稳定币在至少两个交易所之间的循环交易，实现低买高卖的无风险或低风险收益。

与现货-期货套利相比，跨 DEX 三角套利的独特性在于：

1）去中心化场景：依赖智能合约自动执行，无须中介。

2）瞬时性：价差窗口通常仅持续数秒或数分钟，需自动化工具捕捉。

3）稳定币适配性：不同稳定币之间价格锚定（接近 1∶1），三角循环的基础价差极小，但风险更低，适合高频交易操作。

进行跨 DEX 三角套利要注意以下几点。

（1）标的选择

最优标的组合通常满足两个条件：一是均锚定同一法币（如美元），避免跨法币锚定带来的基础汇率波动；二是交易对在交易所中有足够深度，避免兑换时滑点吞噬收益。

主流标的组合为"USDT、USDC、DAI"三角，对应交易对为：

1）交易对 1：USDT/USDC。

2）交易对 2：USDC/DAI。

3）交易对 3：DAI/USDT。

此外，也可扩展至 TUSD、USDD 等次级稳定币，但需注意次级稳定币的流动性较低，必须控制单次套利额度。

（2）价差识别

跨 DEX 三角套利的核心是找到兑换后本金增值的循环交易。假设初始本金为 X（以 USDT 计），需满足：X→（兑换为 USDC）→X1→（兑换为 DAI）→X2→（兑换为 USDT）→X3，且 X3>X（扣除手续费后）。

（3）跨交易所执行

由于不同交易所的流动性、手续费、GAS 费差异较大，需结合实际情况进行选择。

1）优先选择低手续费的交易所，更适合高频套利。

2）通过 DEX API 查询实时汇率，模拟兑换过程，计算滑点（兑换量越大，滑点越高）。

3）闭环执行。通过智能合约一次性完成跨交易所的稳定币兑换，避免中间步骤价格波动。例如，从查询汇率到执行交易的时间差，可能导致汇率修复（价差消失）。

随着稳定币市场越来越成熟，跨 DEX 三角套利的机会逐渐减少：主流交易对价差逐渐收窄。我们需采取以下方法应对挑战：

1）关注"新兴稳定币+长尾交易所"的机会。

2）利用 LayerZero 等跨链协议，在以太坊、Polygon、Arbitrum 之间跨链执行套利。例如，在 Polygon 低价买入 USDC，跨链到以太坊高价卖出，再兑换回 USDT，扩大价差来源。

3）在套利的同时，将自己手里闲置的稳定币存入交易所的流动性池，赚取交易手续费+治理代币奖励，弥补单纯套利降低的收益。

当然也要明白，只要稳定币存在跨交易所流通的机会，价差就会持续出现（或高或低）。这正是稳定币生态活力的体现，也是套利策略长期有效的底层逻辑。

2.3.3 极端行情套利及风险控制

极端行情指因为"黑天鹅"事件、流动性危机、政策突变等不确定性因素，导致稳定币的价格偏离锚定汇率（如 1 USDT≠1 美元），且波动幅度突破常规阈值。在极端行情下，稳定币往往呈现三大核心特征：

1）锚定汇率失效。

2）交易所提现受限、DEX 流动性池余额枯竭。

3）恐慌性抛售与抄底资金并存，价格在短时间内剧烈震荡。

极端行情对稳定币套利而言，既是高收益机会，也是高风险陷阱。其套利逻辑不同于常规市场，需基于短期脱钩但长期锚定修复的确定性进行操作，同时高度警惕流动性断裂风险。

根据脱钩方向（高估或低估），极端行情套利可以分为两大类策略。

(1) 低估套利

当稳定币因为恐慌性抛售跌至锚定汇率以下时，套利者可以通过"低价买入+等待修复"的方式获利。以法币质押型稳定币套利为例，其依赖发行方的全额储备与合规性，脱钩后修复概率极高。其具体操作流程如下：

1）在现货交易所以低价买入稳定币。

2）将稳定币转移至支持法定货币兑换的合规平台。

3）待价格修复至 1 美元时，以法定货币的形式提现（或兑换为其他稳定币），赚取价差。某投资者曾在 USDC 跌至 0.87 美元时，在 Coinbase 以 0.89 美元买入 100 万美元 USDC，48 小时后 USDC 的价格回升至 0.99 美元，卖出后净赚 10 万美元（扣除手续费）。

(2) 高估套利

当稳定币因为市场炒作或流动性垄断被推高至锚定汇率以上时，套利者可以通过高价卖出、借入偿还的方式获利。这种方式比较适用于算法稳定币，如早期的 UST、FEI 等。其核心逻辑是对价格的高估源于套利循环，难以持续，套利者需在崩盘前离场。

其操作步骤如下：

1）在现货市场以高价卖出持有的稳定币。

2）在借贷平台借入同等数量的稳定币。

3）待价格回落至1美元以下时买入偿还，赚取收益（扣除借贷成本）。

此外，套利者也可以进行跨境套利。部分地区会因为资本管制导致离岸稳定币出现溢价。套利者可以在低价市场买入稳定币，再通过合规渠道（如稳定币跨链转账）将稳定币转移至溢价市场高价卖出，扣除转账手续费后能获得比较丰厚的收益。

极端行情套利的收益本质是承担风险的溢价，这就要求套利者想方设法平衡风险，尽力做到以下几点。

1）尽量避开无资产储备的算法稳定币，因为其容易在脱钩后无修复能力。

2）进行头寸动态对冲，即在做多脱钩稳定币的同时做空其储备资产。

3）通过PoR报告确认资产储备足额，避免投资虚假储备标的。

4）极端行情中流动性可能突然消失（如交易所暂停提现），需控制单标的风险敞口。

5）分批次建仓，避免"抄底在半山腰"的情况。

6）设置修复阈值止盈，保留部分仓位应对超预期波动，不追求卖在最高点。

7）优先选择交易深度较好的交易所，其稳定币日均交易量稳定且滑点可控。

8）买入前测试交易所的提现功能，防止价格修复后却无法提现。

9）在衍生品交易所买入脱钩稳定币的看跌期权，支付少量权利金对冲暴跌风险。

10）买入低估稳定币的同时，卖出等量高风险稳定币。

11）若稳定币价格跌破储备资产清算价，立即止损离场。

12）极端行情下，手续费可能暴涨，提前储备ETH、BNB等链上代币。

13）在多家交易所开户，避免单一平台故障导致操作失效。

在极端行情下进行稳定币套利，是对价格修复概率、流动性成本、风险的综合定价。套利者需牢记：收益与风险的核心是修复逻辑的确定性，而非价差大小。更关键的是，面对极端行情，"活着"永远比赚得多更重要。

第3章 稳定币技术全景图

成功将加密技术从支付这个单一应用推广到所有软件应用的以太坊创始人 Vitalik Buterin 曾提出区块链项目的"不可能三角":纯粹的去中心化、绝对的安全和高效的可扩展性三个核心诉求难以同时满足。稳定币发展也暗合这一规律。

过去十余年,稳定币领域的创业者中不乏惊才绝艳之辈,他们面临相似的核心挑战:如何在去中心化程度、稳定性与资本效率之间实现动态平衡。本章将系统地拆解稳定币的三大分支:法币质押型稳定币、加密资产超额质押型稳定币、算法稳定币。深入了解它们,不仅能掌握稳定币的技术路径,还能洞察区块链世界与传统金融体系未来融合的轨迹。

3.1 法币质押型稳定币

法币质押型稳定币通过 1:1 的储备金机制解决了数字资产的价格波动问题——每发行 1 单位稳定币,需要储备 1 单位法币(或等价资产)。其凭借"类法定货币"安全性的认知门槛优势和极高的资本效率成为目前市场规模最大的稳定币之一。

本节将分析 1:1 储备金机制的运作原理,聚焦三个关键问题:第三方托管如何实现资产隔离和透明可信?链上验证能否替代传统审计?当银行挤兑发生在区块链上,防御逻辑需如何创新?这些问题的答案将重新定义法币质押模式的生存边界。

3.1.1　1∶1储备金机制运作原理

当用户将 1 美元交付给稳定币的发行方,换取 1 枚稳定币时,背后是一整套涉及储备管理、治理机制与赎回保障的复杂流程。这一流程看似简单,实则依赖三个核心机制的协同运作:储备的刚性约束、治理的透明化、赎回的价值保障。

1. 储备的刚性约束

刚性约束储备是价格稳定的基础。以 USDC 为例,用户每存入 1 美元,Circle 需将等值资金存入联邦存款保险公司承保银行或购买短期美国国债,确保储备资产与流通代币严格 1∶1 对应。此类资产需满足双重标准:一是高流动性(现金及现金等价物占比≥80%);二是低信用风险(主权债券评级至少在 AA+ 以上)。这种设计使稳定币成为链上法币镜像,其价值并非源于代码算法,而是根植于传统金融体系的底层信用。

2. 治理的透明化

透明化治理是信任构建的重中之重。银行通常依靠牌照等信用证明构建信用,而稳定币则需通过 PoR 验证技术"自证清白"。即便如此,治理仍存在"灰色地带"。某企业发行的稳定币因为长期储备资产含商业票据遭到用户质疑,直至其调整资产结构为 100% 美债抵押,才逐渐平息信任危机。

3. 赎回的价值保障

赎回是稳定币价值的最终保障。用户可以随时向发行方提交赎回请求,销毁持有的稳定币并换回等值法币。这个过程往往通过智能合约自动执行,确保链上操作与链下资产变动同步。例如,Circle 的智能合约在用户发起赎回请求时,自动冻结代币并触发托管银行释放对应美元,整个流程在数分钟内即可完成。但为应对大规模赎回压力,发行方需维持足够的流动性资产储备,例如,将10%储备配置为现金,以满足即时赎回需求。

然而,1∶1储备金机制也存在潜在风险:

1)储备资产的收益与安全性存在潜在矛盾。一些发行方为追求更高收益,将部分储备资产投资于商业票据等高风险标的,从而使用户遭受损失。

2)中心化发行模式存在单点故障风险。Tether曾多次被曝储备资产不透明,尽管其净利润高达上百亿美元,但其比特币持仓仍被视为潜在雷区。

3)监管套利可能削弱1∶1储备金机制的有效性。例如,部分发行方通过在司法管辖区外设立实体,规避严格的储备资产披露要求。不过监管框架正逐渐完善,未来该机制的可信度将进一步提高,高风险发行方或将被市场淘汰。

3.1.2 第三方托管与链上审计流程

用户将买入稳定币的钱存入发行方的指定账户后,这笔钱并非由发行方直接控制,而是转给被严格监管的第三方,由第三方进行托管,目的是从源头避免资金挪用风险。

发行方通常会选择持牌金融机构作为托管方,这类机构需满足资产充足率、合规资质等硬性要求。例如,USDC的发行方Circle选择纽约梅隆银行作为主托管方负责管理储备资产。该行不仅持有美国货币监理署颁发的数字资产托管牌照,还严格遵守监管机构对资金流向的要求。过程中,Circle无法通过日常的发行与赎回行为对USDC的价格进行干预,也不存在外部关联机构对USDC的价格操控。这样确保将整个过程中的风险控制在低水平。

托管方与发行方会签署托管协议,明确约定专款专用:账户内的法币储备仅用于稳定币赎回,和发行方自有资产严格隔离,发行方无权擅自划转至其他账户。为进一步强化隔离效果,被托管的账户通常采取"名义持有"模式:托管方作为持牌银行是名义上的储备资产法定持有人,履行管理职责。法币储备在法律层面归属于全体稳定币持有者,即使发行方破产清算,法院也无法冻结该账户内的资产。

为确保资产调用效率，必须有完善的托管流程。当用户买入稳定币时，资金需经过合规核验、托管入账、代币生成三大步骤：用户通过认证后，法币转入发行方的账户，发行方再将法币交给托管方管理，托管系统自动校验到账信息并生成资产凭证，发行方收到凭证后触发智能合约生成稳定币。赎回时流程逆向运行：智能合约销毁稳定币后生成赎回指令，托管方核验指令签名（需发行方与审计机构双重授权），确认无误后将法币退还给用户。

而链上审计作为第三方托管的技术延伸，通过区块链的不可篡改性实现储备状态的实时验证，其核心逻辑是将被托管的法币上链，形成可追溯的审计轨迹。

具体而言，托管方会每日生成法币快照（包含现金余额、债券持仓等明细），经加密后写入特定的区块链地址，该地址的私钥由审计机构单独保管。用户可以通过链上浏览器查询快照哈希值，再与审计机构公布的数据比对，确认两者一致。

链上审计的实现需兼顾准确性与安全性。

智能合约会实时监控两个关键指标：一是法币总价值与流通中稳定币数量的比值；二是高流动性资产占比。当指标触及预警线时，智能合约会自动冻结稳定币生成功能并触发警报。

为防止数据造假，有些审计机构还会同时进行链下验证与链上存证：先通过 API 对接托管方的托管系统，直接读取账户的原始数据（非发行方提供的汇总数据），再生成加密摘要上链。

我们也要承认，第三方托管与链上审计仍面临一些挑战：

1）在托管层面，部分发行方可能通过多托管方模式规避集中监管，例如，将法币分散至不同国家的金融机构，导致审计难以穿透底层资产。

2）在审计层面，链上数据的真实性仍依赖源头把控，若托管方提供虚假数据，链上存证也将无效。

对此，监管机构正推动建立托管方数据直连机制：要求托管方开放实时数据接口至监管沙盒，审计机构需通过监管沙盒获得数据。这一机制将从源头切断数据造假行为。

3.1.3 银行挤兑模拟与防御方案

法币质押型稳定币虽然以 1∶1 储备金机制锚定法币的价值，但仍可能面临挤兑风险。挤兑往往始于信任危机，而非实际储备资产缺口。

我们可以模拟这样一个场景。

某稳定币的托管方被曝存在合规问题，市场上出现发行方储备资产可能被冻结的传言。初期，部分风险敏感型用户开始赎回稳定币，单日赎回量从常规的 2 亿美元提高到 8 亿美元。此时发行方可以通过储备资产中的现金（假设占比 10%）直接兑付。

但随着传言持续发酵，次日赎回量激增至 30 亿美元，待储备的现金耗尽后，发行方需变现短期国债。尽管国债的流动性很强，但单日大额抛售可能引发二级市场折价，实际回笼资金低于账面价值。这一折价被市场捕捉后，储备资产变现会缩水的担忧蔓延，第三天赎回量飙升至 50 亿美元。此时，发行方需变现剩余的中长期债券，这类资产流动性更差，折价可能进一步扩大，而且变现周期也会延长。

兑付延迟、资产折价形成恶性循环，即使发行方的储备资产总额仍能覆盖稳定币流通量，用户也会因为无法即时赎回而认定发行方技术性违约，最后演变为全面挤兑。

解决挤兑问题的关键在于构建"流动性缓冲+预期管理+监管协同"三重防线。

（1）流动性缓冲

1）提高现金及隔夜可赎回资产的占比。

2）在智能合约中嵌入"流动性预警–响应"机制：当单小时赎回量超过流通量的一定比例时，自动启动阶梯赎回——优先兑付小额用户，大额用户按照申请顺序排队兑付，同时链上实时显示剩余流动性资产及预计兑付时间。

（2）预期管理

1）定期开展赎回压力测试并公开结果。例如，模拟单日 50% 稳定币流通量赎回时的兑付能力、极端市场下资产变现的最大折价率等。通常发行方公开的测试数据越具体，用户对其抗风险能力的认知越清晰。

2）与央行或其他重要银行签订流动性支持协议，约定在极端情况下，可以通过质押储备资产获得短期贷款，以满足即时赎回需求。

（3）监管协同

1）部分监管机构可能会要求发行方维持流动性覆盖率，即未来 30 天内可变现的高流动性资产与预计最大赎回量的比值不低于 120%。

2）当某稳定币出现挤兑迹象时，监管机构可以协调其他托管方或做市商提供临时流动性支持，避免风险外溢。美国的监管机构要求：美联储有权在极端情况下为合规的发行方提供贴现窗口支持，以控制其损失。

通过模拟极端场景，找到潜在的挤兑风险点，再利用以上三重防线防御挤兑，才能确保 1∶1 储备金机制不仅名义上可信，在危机中也足够可靠。这既是稳定币抵御风险的关键所在，也是其能真正成为数字时代基础货币的重要前提。

3.1.4　USDT 多链发行机制分析

USDT 是法币质押型稳定币的主导者，其主导地位的维系，依赖一套复杂的多链发行体系机制。Tether 目前在 12 条区块链上原生发行 USDT，并通过第三方桥接覆盖 80 多条区块链，形成中心化控制、碎片化流通的独特生态。

原生发行是 USDT 锚定信用的支柱。当用户向 Tether 存入美元时，资金进入托管方，Tether 随即在选定链上 1∶1 铸造等值 USDT。这些链需满足两项标准：高交易吞吐量、良好的开发者生态，目的是确保铸币指令能被高效执行。

桥接发行则是 Tether 扩大覆盖范围的妥协方案。当用户在非原生链上使用 USDT 时，第三方桥接商在原生链锁定 USDT，并在目标链发行包装代币。这个过程依赖跨链协议的原子交换机制：用户将 USDT 转入桥接合约，中继节点验证后于目标链上铸造等量代币。此方案实现了 USDT 在多链之间的流通，但也存在一定风险：

1）桥接合约漏洞可能导致资产损失。

2）Tether 无法直接监控桥接代币的流通路径，可能会违反合规要求。

3）当某链发生挤兑时，桥接 USDT 因为流动性割裂可能产生链间价差，导致套利延迟，加剧脱钩。

4）LayerZero 等跨链协议若遭到攻击，可能导致整个 USDT 网络瘫痪。

这些风险迫使 USDT 收缩多链战线。例如，为了满足欧盟《加密资产市场监管法案》（MiCA）的要求，Tether 公开宣布，从 2025 年 9 月 1 日起，Tether 将不再支持 Omni、Kusama、SLP、EOS 和 Algorand 上的 USDT 或 EURT 兑换。

同时，我国香港特别行政区的《稳定币条例》强制要求跨链储备金分钟级验证，推动 Tether 与 Chainlink 合作开发全链储备证明系统：每日将托管方的余额哈希值锚定至以太坊，再通过 LayerZero 同步至其他链，确保多链的 USDT 总供应实时透明。

如今的 Tether，战略目标已超越发行稳定币本身——它正试图将美元质押模式转化为链权质押模式。而这场实验的终局，或将定义法币与区块链的融合形态：是共生，还是吞噬？

3.2 加密资产超额质押型稳定币

加密资产超额质押型稳定币以 ETH、BTC 等主流加密资产为质押物，通过智能合约自动执行质押、铸币、清算等环节，将传统的抵押贷款迁移至链上。与法币质押型稳定币不同，加密资产超额质押型稳定币本质上是对去中心化信任的深度探索：用牺牲资本效率的超额质押对冲价格波动风险、增强安全性，用智能合约消除人为干预，用算法优化增强系统韧性。

本节将以压力测试数据为尺，衡量质押率设计对系统韧性的影响，并揭示一个反直觉洞见：资本效率的提高未必源于降低质押率，而可能来自清算过程的平滑度提高。

3.2.1　动态清算系统与全局清算触发条件

2025 年 4 月，以太坊价格单日暴跌，一位巨鲸在借贷平台 Sky 上持有的大量以太币被清算，引发整个市场的连锁反应。该事件暴露了传统清算模式的缺陷：离散式一次性清算会加剧市场波动。

于是，动态清算系统作为日常风险拦截工具应运而生。

动态清算系统的作用，是在单个质押仓位的风险敞口扩大前及时干预，避免风险累积。其运作逻辑基于质押率这一核心指标：用户铸造稳定币时，需质押远超面值的加密资产（如铸造 100 美元稳定币，需质押价值 150 美元的 ETH，质押率为 150%），这部分超额价值形成"安全垫"。系统会实时分析质押资产的价格，计算质押率。

当市场波动导致质押资产价格下跌时，质押率会同步降低。若质押率跌至预设的补仓预警线（如 140%）时，系统会向用户发送补仓提醒，用户可以通过增加质押资产或偿还部分稳定币提高质押率。若用户未及时补仓，质押率将跌至清算触发线（如 130%），动态清算流程将自动启动。

但动态清算系统并非万能，当市场出现极端行情时，可能引发清算"踩踏"，即大量仓位同时触发清算，拍卖市场涌入超量质押资产，导致变现价格大幅低于正常价格，甚至出现清算失败的情况。此时，单个仓位的清算风险会通过两条路径传导：

1）一是质押资产被低价清算后，用户的损失扩大，引发其他用户恐慌性偿还稳定币。

2）二是清算折价导致质押资产与稳定币之间的超额价值缩水，原本安全的仓位可能因为市场情绪连带触发风险预警。

在这种情况下，动态清算系统的局部干预失效，需要全局清算机制介入。

全局清算机制的触发条件必须严格且明确，通常包括以下三个：

1）整体抵押率跌破安全线。全平台所有质押资产总价值与流通中稳定币总价值的比值跌至预设阈值，意味着质押资产与稳定币之间的超额价值已不足以覆盖风险。

2）大规模清算失败。当多个清算拍卖流拍时，说明市场承接能力已耗尽，单个清算无法落地，需启动全局清算。

3）动态清算系统预测的稳定币价格偏离主流交易所均价且持续时间很长，可能导致质押率计算失真，需暂停交易并启动清算核查。

一旦触发全局清算，动态清算系统会执行以下流程：

1）智能合约自动暂停稳定币的铸造与赎回，冻结所有未清算仓位。

2）按照流动性优先原则变卖质押资产。通常先变现比特币、ETH 等主流质押资产，再处理小盘资产（可以通过场外协议与做市商约定兜底价格）。

3）将清算所得按照稳定币持有者权益比例兑付，剩余收益返还原质押用户。

为降低全局清算的触发概率，动态清算系统需不断优化细节设计。例如，设置梯度清算阈值（质押率跌至 140% 时仅预警，130% 时启动轻度清算，120% 时强制全额清算），给用户更多补仓时间；引入清算奖励动态调整机制，当清算需求激增时，自动提高奖励比例，激励更多清算人参与承接；允许用户质押多种资产，如 ETH+BTC +稳定币。

这些细节设计的核心，是让动态清算系统在风险出现初期就能有效拦截，减少对全局清算的依赖。

3.2.2 质押率设计：ETH 暴跌压力测试

加密资产超额质押型稳定币的稳定性核心，在于质押率能否在极端波动中抵御"死亡螺旋"的引力。ETH 作为最常用的质押资产之一，其价格的高波动性成为测试质押率的"天然压力源"。我们可以通过模拟其在不同场景下的表现，反向推导出合适的质押率。

1）初始质押率：覆盖 ETH 在常规波动周期内的最大跌幅。参考 ETH 近 5 年的数据，大多数单日跌幅在 5% 以内，单周跌幅在 15% 以内，因此主流稳定币通常将初始质押率设置为 150%，即买入 100 美元稳定币需质押价值 150 美元的 ETH。这意味着即使 ETH 单日下跌 10%，质押资产价值降至 135 美元，仍高于 100 美元的债务。

2）清算触发线：为应对 ETH 更极端的短期波动，当质押率达到清算触发线时，动态清算系统启动清算机制，通过变卖部分质押资产偿还债务。

3）补仓预警线：在初始质押率与清算触发线之间，目的是给用户留出缓冲时间，使其能通过增加质押物或偿还稳定币提高质押率。

它们之间的差值设计，直接对应 ETH 价格波动的概率分布：差值过小（如初始质押率 150%、清算触发线 145%）会导致价格轻微波动就触发清算，影响用户体验；差值过大（如初始质押率 200%、清算触发线 120%）则会降低资本效率，削弱稳定币的买入吸引力。

下面我们模拟 ETH 单日暴跌 15% 的场景，以直观地呈现质押率设计的真正作用。

假设某用户以 150% 的初始质押率买入稳定币（质押 1500 美元 ETH，获得 1000 美元稳定币），当 ETH 单日下跌 15% 时，质押资产价值降至 1275 美元，质押率降至 127.5%。此时，若清算触发线是 130%，清算已被触发。动态清算系统会自动将用户质押的 ETH 以拍卖形式变现。若市场流动性正常，清算人以接近市价接手，用户需承担 3% 左右的清算折价（约 38 美元），剩余资产（1275-1000-38＝237 美元）返还用户，债务全额清偿。

但如果初始质押率仅为 130%，同样跌幅下，质押资产的价值降至 1105 美元，质押率降至 110.5%，此时，清算折价可能因为恐慌情绪扩大至 5%（约 50 美元），剩余资产仅为 55 美元，用户损失显著增加，而且低价抛售可能引发质押资产的价值进一步下跌，形成连锁反应。这说明初始质押率与清算触发线的差值，需至少覆盖 ETH 在清算周期内的潜在跌幅，结合 ETH 在流动性紧张时的波动率，这一差值不应小于 10%。

另外，我们也需适当地根据 ETH 的实时波动率调整质押率。例如，当 ETH 的 7 天波动率超过 50% 时，自动将初始质押率从 150% 上调至 160%，清算触发线从 130% 上调至 135%，通过收紧质押率降低新增风险敞口。当检测到 ETH 流动性深度低于阈值时，临时提高清算奖励，吸引更多清算人以更高价格承接质押资产，缩小清算折价。

ETH 暴跌压力测试的终极目标，是让质押率设计具备预期之外的韧性——不仅能应对历史已发生的最大跌幅事件，还能预留应对未知风险的缓冲空间。

3.2.3　crvUSD 的 LLAMMA 算法拆解

在传统清算模式下，一旦质押资产的价值跌破阈值，动态清算系统即触发清算，用户不仅损失钱，还需支付高额的清算罚金。这种断崖式清算在极端行情下极易引发流动性枯竭与坏账螺旋。

Curve Finance 推出的 crvUSD，凭借独创的 LLAMMA 算法，首次在超额质押框架内实现了"软清算"：将清算从一个离散事件转化为连续函数。

LLAMMA 其实是一个内嵌于借贷协议的自动化做市商。当用户以质押资产借出 crvUSD 时，其质押资产并非静态锁定，而是被动态分配到一系列价格区间（称为波段）。每个波段是一个微型流动性池，在预设价格范围内执行质押资产与 crvUSD 的渐进兑换。

（1）价格下跌时的防御策略

当质押资产（以 ETH 为例）的价格跌破某波段下限，该波段内的 ETH 将按照 AMM（自动做市商）定价曲线自动转化为 crvUSD。例如，用户存入 10 ETH 并选择 5 个波段，每个波段初始分配 2 ETH。若 ETH 的价格跌破第一个波段的清算价，该波段的 2 ETH 会被部分转化为 crvUSD，形成混合头寸。此过程随着价格下行逐波段触发，最后使抵押资产组合趋向稳定币化。

（2）价格回升时的复苏路径

当 ETH 的价格反弹并突破波段上限时，系统反向操作：用波段内 crvUSD 回购 ETH，逐步恢复抵押品的 ETH 占比。这一机制使头寸具备弹性复原能力，避免传统清算模式导致的永久性资产剥离。用户可以通过波段粒度（N 值）调节清算敏感性：高 N 值使清算平缓但启动较早；低 N 值推迟清算但流程更复杂，以更好地保障自己不受损失或将损失降到最低。

LLAMMA 的"软清算"效率依赖于外部套利者与预言机的协同：

1）LLAMMA 的定价曲线比外部市场的更陡峭。当质押资产总价值下跌时，其内部报价会更快低于市场价格，吸引套利者用 crvUSD 低价购入质押资产。

2）LLAMMA 整合 Uniswap TWAP、Chainlink、TriCrypto、ETH/USD EMA 四重数据源，通过分散输入降低单点故障风险。

目前，LLAMMA 已在很多领域做出了贡献。例如，在抗挤兑方面，LLAMMA 的渐进清算可以避免链上拍卖的流动性"踩踏"；在资本效率升级方面，crvUSD 的质押资产在波段内持续提供流动性，可以产生手续费等收益。

尽管 LLAMMA 面临磨损成本较高、跨链适配性不足等技术瓶颈，但不可否认，它为超额质押型稳定币提供了弹性清算的新模式。未来，若结合比特币 Layer2 的抵押资产扩展及零手续费的 Layer2 层解决方案，或可进一步释放其在全链金融中的潜力。

3.3 算法稳定币

算法稳定币代表着加密货币领域的一场"乌托邦实验"，通过较强的去中心化属性和极高的资本效率，它试图证明：价值稳定可以源于代码规则与市场博弈的纯数学平衡。从 Ampleforth 的 Rebase、Frax V3 的混合算法到 Olympus DAO 的反射债券，再到 ESD 2.0 对基座协议的优化，这些探索共同形成了算法稳定币的技术图谱，也重新回答了"如何用代码建立货币信用"这一重要命题。

3.3.1 Ampleforth 弹性供应机制（Rebase）

Ampleforth（AMPL）的目标价格设定为 1 美元，并允许价格在 ±5% 的阈值区间内自由浮动。当价格突破这一区间时，系统便会触发弹性供应机制（Rebase）：高于 1.05 美元则通胀增发，低于 0.95 美元则通缩回收。这种弹性供应机制，使 Ampleforth 从一众算法稳定币中脱颖而出，最具争议也最具创新性，Rebase 的运行参数如表 3-1 所示。

表 3-1 Rebase 的运行参数

要素	设定值	功能说明
调整周期	每日 UTC+8 10:00	每 24 小时触发一次供应量评估
价格阈值	目标价±5%	超出此范围才触发 Rebase
调整公式	（市场价格-目标价）÷10	决定供应量增减幅度
通缩上限	-10%	单次最大通缩幅度
通胀上限	无上限	理论上可无限增发
目标价锚定	CPI 调整后的美元购买力	动态反映法币通胀

每天北京时间 10:00，智能合约会根据多个预言机汇总的过去 24 小时的成交量加权平均价格，计算当日是否需要调整供应量。调整幅度由公式（市场价格-目标价格）÷10 决定。值得注意的是，通缩调整设有-10% 的上限，而通胀调整则无上限，此举是为了避免无限通缩的死亡螺旋风险。

Rebase 机制的关键特征在于其比例不变性：无论供应量如何调整，每个持币人在全网中的相对份额始终保持恒定。假设你持有全网 1% 的 Ampleforth，在一次 +10% 的 Rebase 后，虽然余额变为原来的 1.1 倍，但由于总供应量也同步增加 10%，你依然持有 1% 的代币。这种设计理论上实现了最公平的供应量调整——所有参与者同等受益或受损，不分先后。

为确保 Rebase 参照的价格数据真实可靠且抗操纵，Ampleforth 使用了多重预言机架构。它整合了 Chainlink 的去中心化预言机网络，从三个独立聚合器

（BraveNewCoin、Kaiko、CryptoCompare）采集 AMPL/USD 的每日 VWAP（Volume Weighted Average Price，成交量加权平均价格），并交叉验证数据一致性。同时，目标价格也非固定不变，而是根据个人消费支出指数逐年调整，以反映美元购买力的通胀变化。

Ampleforth 的设计灵感源于经济学家 Friedrich Hayek 的货币去国家化理念，试图创造一种不受单一主权控制的稳定价值尺度。其理论创新在于将货币的价格稳定与数量稳定分离：传统稳定币追求价格固定（如 1 美元），而 Ampleforth 允许价格波动，通过数量调整维持持币人的总购买力稳定。例如，当 Ampleforth 的价格涨至 1.2 美元时，虽然单位购买力上升了，但 Rebase 增发会使余额增加，理论上抵消了价格上涨带来的购买力变化。

发展势头强劲的同时，Rebase 也难免面临质疑。部分加密货币研究者认为，稳定币的价格稳定不仅关乎计价单位的稳定，还关乎货币价值存储的稳定。Ampleforth 只是将固定的钱包余额与波动的货币价格，换成固定的货币价格与波动的钱包余额。

尽管有争议，Rebase 仍有不可忽视的创新价值。它通过比例不变原则，消除了传统货币增发中的坎蒂隆效应，确保无论通胀还是通缩，参与者的相对地位同步变化。它也是首个完全链上自动化执行的货币政策实验，其规则透明、过程可验证，为去中心化金融系统提供了宝贵的运行经验。目前其已被数十个项目借鉴，形成独特的 Rebase 经济生态。

3.3.2 Frax V3 混合算法模型

在美联储加息流动性紧缩的背景下，一度占据庞大市场的算法稳定币 UST 崩盘，引发了市场对算法稳定币的普遍质疑。为了回应市场的担忧，Frax V3 混合算法稳定币模型提供了牺牲部分资本效率换取安全稳定性的实践样本。

Frax V3 不同于 Frax V1 的渐进去抵押化，也突破了 Frax V2 的瓶颈，通过"动态抵押+算法调节"的双引擎设计，在保持去中心化特征的同时，显著提高了价格锚定的韧性。Frax 三代版本的具体情况如表 3-2 所示。

表 3-2　Frax 三代版本的具体情况

版本	核心目标	质押率策略	关键创新
Frax V1	构建算法稳定币	从 100% 逐渐降低	分数算法 初代 AMO
Frax V2	暂停去抵押化	逐渐上升至 100%	Curve War 参与 AMO 盈利化
Frax V3	多元化完全抵押	≥100%	IORB 预言机 sFRAX 和 FXB 债券

Frax V3 最显著的转变是放弃"部分算法"的标签,转向完全外源抵押。协议承诺始终保持≥100%的质押率,且质押资产总价值严格按照链下审计的资产负债表计算,剔除了治理代币的估值干扰。这一设计直接回应了 UST 崩盘后市场对隐形杠杆的恐惧——当抵押率不足时,算法代币的价值支撑实为空中楼阁。

美元主权锚定机制也是 Frax V3 的一大创新。传统算法稳定币锚定的其实是质押资产,而非美元本身,这导致其易受中心化稳定币脱钩风险的影响。Frax V3 通过双轨制切断此关联:当质押率≥100%时,价格直接由 Chainlink 预言机与治理批准的参考汇率绑定美元;若质押率跌破 100%,算法市场操作(AMO)将自动启动再质押程序,通过 Curve 池的流动性操作(如销毁协议持有的算法代币)恢复锚定,全程独立于 USDC/USDT 的价格波动。

为强化去中心化属性,Frax V3 通过 frxGov 模块彻底消除多签控制。所有参数更新(如 CR 调整、AMO 策略切换)均需算法代币持有者投票执行,合约代码完全链上运行,切断传统协议依赖法律实体的中心化路径。治理的最小化原则体现在权限设计上——仅允许修改手续费、质押品类型等非核心参数,禁止任意增发 Frax 或转移质押品。

另外,与其他算法稳定币不同,持有 Frax 无法保证可兑换特定资产(如 USDC 或美元),协议仅承诺通过 AMO 和治理行动维持 1 美元的价格稳定。这一定位接近纯信用货币:其价值不源于质押品赎回权,而源于市场对协议的信任,从而避免挤兑风险。

从货币理论看，Frax V3 是在探索一条介于原生加密货币与法币之间的道路：一方面，Chainlink 预言机使其收益与美元体系同步；另一方面，AMO 的链上操作保留了 DeFi 的可验证性。这种双重性体现在其资产负债表中——其绝大部分资产为链上稳定币及 ETH 质押凭证，还有一部分资产为美国国债，形成"链下+链上"的共生模式。

3.3.3 反射债券机制：Olympus DAO 实验

Olympus DAO 的反射债券机制是一次颠覆传统锚定逻辑的大胆实验。反射债券的本质是一种延迟兑付的资产交换协议：用户可以通过其他加密资产按照一定折扣买入债券，债券持有者需等待一段锁定期，到期后即可解锁对应数量的 OHM（币）。

反射债券机制的精妙之处在于反射性调节：债券的发行与兑付会根据 OHM 的价格动态调整。当 OHM 的价格高于锚点时，高折扣的债券会吸引大量用户入场，用户以低价资产换取未来的 OHM。这既让储备金账户获得更多储备资产，又通过未来供给预期抑制投机性追涨。

而当 OHM 的价格低于锚点时，Olympus DAO 会减少债券发行，转而启动储备金账户资产回购 OHM——通过储备金账户中的 DAI 等资产在市场上直接买入 OHM 并销毁，减少流通量以推高价格，此时未到期的债券持有者因为 OHM 的预期价格回升，更愿意持有债券等待兑付，而非低价抛售。这使得 OHM 的稳定性不再单纯地依赖套利行为，而是有了储备金账户资产作为缓冲。

Olympus DAO 还通过社区治理强化了反射债券机制的适应性。债券的折扣率、锁定期、可接受的抵押品类型等核心参数，均由 OHM 持有者通过投票决定。当市场出现新风险，如某类抵押品价格暴跌，Olympus DAO 可以迅速调整债券规则，暂停接受该抵押品作为债券支付物，避免储备金账户资产贬值。而当要扩大储备金账户资产规模时，Olympus DAO 可以通过提高债券折扣吸引更多用户参与。此举让反射债券机制具备一定的灵活性，也让用户从套利者转化为社区维护者，他们的收益与 OHM 的长期稳定深度绑定，更有动力通过治理优化规则。

Olympus DAO 也有比较激进的地方：放弃美元锚定。传统算法稳定币一旦跌破 1 美元即引发恐慌性抛售与通缩螺旋，而 OHM 允许价格自由浮动，仅承诺由储备金账户资产支撑其内在价值。这种去锚定化可以确保价格波动不再触发强制清算，避免链式崩盘，也能通过高收益债券吸引更多用户，形成强烈的社区信仰。但因为不锚定美元，所以 OHM 难以作为交易媒介使用。当用户无法预知次日 OHM 能买多少咖啡时，其稳定币属性被削弱。而且，当 OHM 的价格下跌时，储备金账户资产同步缩水，容易进一步加剧资产负债表恶化。

尽管现阶段 Olympus DAO 的反射债券机制未能实现长期稳定，但即便如此，它也为算法稳定币提供了重要启示：稳定机制的核心不仅是调节供需，还要构建可持续的价值支撑体系。储备金账户资产的质量、激励机制的可持续性、社区治理的决策效率，共同决定了稳定机制的韧性。而反射债券作为连接这些要素的工具，至今仍在影响着后续去中心化稳定资产的探索。

3.3.4 ESD 2.0 的基座协议优化

在算法稳定币的发展过程中，死亡螺旋始终如达摩克利斯之剑威胁着系统生存。一瞬间的市场波动可能触发连锁清算，导致价值锚定的永久性崩解。传统模型试图通过超额质押或弹性供应缓解波动，却在极端行情下因为响应延迟或摩擦损耗而失效。

ESD（Empty Set Dollar）作为算法稳定币的代表，其 2.0 版通过优化基座协议，构建了算法稳定币的韧性架构，同时探索出去中心化货币体系的新模式。

ESD 2.0 的基座协议优化围绕动态平衡与风险隔离展开。相比于 ESD 1.0 依赖单一治理代币调节供需的机制，ESD 2.0 引入了双代币分层架构：基础稳定币 ESD 与治理代币 ESDS。这种设计将价格调节与价值捕获分离，ESD 专注于维持锚定，ESDS 则通过社区治理参与铸币税分配，避免了早期型算法稳定币常见的治理代币价值空心化问题。

在调节机制上，ESD 2.0 使用多维度市场反馈模型。传统 Rebase 机制依赖单一价格信号，容易受到短期投机的冲击。ESD 2.0 整合了 Uniswap TWAP（时间加权平均价格）、流动性池深度、用户质押行为等多种链上数据，通过动态调整 ESD 的增发/销毁阈值，将价格波动控制在特定的区间内，使协议能识别市场趋势而非即时价格扰动，从而降低死亡螺旋风险。

针对这种死亡螺旋风险，ESD 2.0 还引入"债券—期权"复合工具。当 ESD 的价格跌破锚定阈值时，协议自动发行折价债券，用户可以通过销毁 ESD 换取未来以面值赎回债券的权利。这种机制既吸收了过剩流动性，又通过承诺高额回报激励用户持有债券，形成逆向流动性缓冲，使 ESD 在熊市中具有更强的韧性。

为更好地隔离风险，ESD 2.0 创新性地将储备金账户资产与抵押品管理分离。ESD 2.0 的储备金账户不仅持有 ETH、USDC 等传统抵押品，还通过动态对冲策略配置永续期货空头头寸，形成 Delta（对冲值）中性组合。这种设计使储备金账户资产在 ETH、USDC 等价格剧烈波动时仍能保持稳定价值。

ESD 2.0 的治理优化聚焦于决策权分层与激励对齐。协议将治理权限划分为以下两大类，这种设计在保持社区灵活性的同时，避免了治理瘫痪风险：

1）日常参数调整（如铸币税分配比例）：通过链上投票即时执行。

2）协议升级：需经历多阶段社区提案与安全审计。

ESD 2.0 也在合规上做了很多努力。例如，在铸币环节引入零知识证明技术，允许用户在不暴露身份的前提下完成法币兑换。

目前，ESD 2.0 的日均交易量比 ESD 1.0 时期大幅增长。其成功验证了协议优化的重要性，但仍面临两大挑战：跨链兼容性不足与长尾市场渗透。ESD 2.0 仅支持以太坊与 Polygon，跨链交易会有延迟，对新兴公链生态的需求日益迫切。在一些法币波动较大的地区，ESD 2.0 的本地化适配仍显不足，需进一步优化法币通道、整合支付场景。

第二部分
治理与合规挑战

第4章 治理代币的价值捕获

治理代币是一种基于区块链协议发行的加密货币，允许持有者参与项目规则制定并拥有决策投票权，其核心功能是将分散的治理权通过代币形式量化并分配。在稳定币生态中，治理代币与稳定币相互依存：稳定币的发行机制、风险控制、参数调整等关键事项，往往由治理代币持有者投票决定；而稳定币的市场表现、流通规模及生态活力，又直接影响治理代币的价值根基。

治理代币的价值捕获，本质上是对稳定币运营过程中产生的治理权价值与经济收益的转化与沉淀。不同的代币经济模型、制度设计困境和治理实践挑战等内容共同勾勒出治理代币在稳定币体系中实现价值的路径，也是理解二者协同运作机制的关键所在。

4.1 代币经济模型

代币经济模型是治理代币价值捕获的基础框架，它通过规则设计将治理权与经济利益绑定。从MKR代币销毁与稳定费的联动，到veTokenomics模型的锁仓激励，不同设计塑造了治理代币价值增长的不同路径，也决定了其在稳定币生态中的影响力。

4.1.1 MKR 代币销毁与稳定费关系

MKR 是一种治理代币，它与 MakerDAO、DAI 共同构成了一个相互支撑的去中心化稳定币生态系统。其中，MakerDAO 是底层协议，搭建了一套智能合约系统，允许用户通过抵押加密资产生成与美元挂钩的稳定币 DAI。DAI 是 MakerDAO 发行的稳定币，其价值锚定美元，通过超额抵押机制维持价格稳定。

MKR 是 MakerDAO 的治理代币，持有者拥有对协议的投票权，可决定稳定费率、抵押资产类型、风险准备金比例等核心参数。同时，MKR 还承担风险缓冲角色：当抵押资产价格暴跌导致资不抵债时，协议会增发 MKR 并出售以弥补亏空；而当系统产生盈余（如稳定费收入），则会回购并销毁 MKR，通过减少流通量提升其价值。

在治理代币经济模型中，MKR 代币销毁与稳定费的联动机制是去中心化治理与价值捕获结合的经典设计，其核心在于通过"稳定费收入-代币销毁-价值提升"的闭环，将协议运营与代币持有者的利益深度绑定。这一机制不仅塑造了 MakerDAO 作为去中心化稳定币龙头的独特生态，也成为理解治理代币价值捕获逻辑的范本。

稳定费作为 MakerDAO 体系的核心调节工具，本质是用户通过抵押资产生成 DAI 时需支付的协议费用，其费率由 MKR 持有者通过治理投票动态调整。在设计之初，稳定费被赋予双重功能：一是通过价格信号调节 DAI 的市场供给——当 DAI 溢价时降低费率刺激发行，折价时提高费率抑制供给；二是为协议创造可持续收入，而这些收入的主要去向便是 MKR 代币销毁。这种机制使得 MKR 的流通总量与协议盈利能力直接挂钩，形成"稳定费越高-销毁越多-代币越稀缺-价值预期越强"的正向反馈。

从机制运行的实际效果看，MKR 代币销毁与稳定费的联动展现出较强的市场调节力。例如，在 DeFi 热潮下，DAI 需求激增推动稳定费收入攀升，而大量 MKR 的销毁直接带动代币价格上涨。这种价格反应印证了市场对"销毁即价值注入"逻辑的认可。

然而，这一机制也面临多重挑战。首先是稳定费收入的波动性。当加密市场陷入熊市，DAI的借贷需求萎缩会直接导致稳定费收入锐减，MKR的销毁量也将随之减少，导致MKR价格下跌。这暴露出代币价值对单一收入来源的强依赖性。同时，治理决策的利益冲突也不容忽视，部分MKR持有者可能为短期推高代币价格而刻意维持高稳定费，却忽视高费率对DAI竞争力的长期损害，这种短视治理现象影响MKR与DAI的长久发展。

其次，更深层的矛盾在于销毁机制与协议风险储备的平衡。MakerDAO在以往暴跌中暴露出的清算危机表明，过度销毁MKR可能削弱协议应对极端风险的资本缓冲能力。为此，协议引入风险准备金制度，将部分稳定费收入转为储备金。这一调整虽增强了系统安全性，却也稀释了MKR的价值捕获效率，引发关于"治理代币究竟应优先锚定安全性还是价值增长"的争议。

最后，MKR的销毁机制展现出强耦合性特征，代币价值与协议运营状态高度绑定。这种设计既赋予MKR"协议即资产"的独特属性，也使其更容易受到系统性风险的冲击。在银行危机曾引发的稳定币信任危机中，MKR的跌幅显著大于传统金融机构股票，反映出市场对这种强耦合机制的风险定价更为敏感。

当前，MKR代币销毁机制也在适应性进化。MakerDAO正在重构稳定费与MKR的关系，尝试将稳定费收入与多资产抵押池收益、跨链手续费等多元化收入来源整合，通过扩大价值捕获基数来降低单一业务波动的影响。这种调整或将破解MakerDAO发展困局。

MKR代币销毁与稳定费的联动机制，既是去中心化稳定币探索价值自循环的里程碑，也暴露出治理代币在平衡多方利益时的复杂挑战。其演进过程中的经验与教训，为所有依赖"收入-销毁"模型的治理代币提供了宝贵的实践样本。

4.1.2 veTokenomics 模型的经济激励

veTokenomics 模型作为治理代币经济设计的重要创新，以锁仓机制为核心重塑了激励逻辑，在稳定币生态的流动性分配与治理参与中发挥着关键作用。其核心在于通过锁仓时长与权益强度正相关的设计，将短期投机行为引向长期治理承诺，形成独特的以时间换权益激励的闭环。

该模型最早由去中心化交易平台 Curve Finance 提出，其原始设计以 CRV 代币为载体，通过锁定代币时长与投票权、收益分配权的挂钩，构建了一套动态平衡的激励体系，为治理代币的价值捕获提供了独特路径。

在该模型中，用户将原生代币锁仓后获得 veToken（投票托管代币），锁仓期限越长，持有的 veToken 所对应的投票权重、收益分成比例就越高。这种设计直击治理代币常见的投票冷漠问题，通过将经济利益与治理参与深度绑定，促使代币持有者从被动观望转为主动参与协议决策。

从经济激励的传导路径看，veTokenomics 模型构建了三重联动机制。首先是流动性激励的精准投放，协议通过 veToken 投票决定各资金池的奖励权重，使流动性向高需求领域集中。其次是代币流通量的动态调控，长期锁仓显著降低了市场抛压，代币的年换手率较未采用该模型的治理代币大幅降低。最后是治理权的梯度分配，锁仓时长差异形成了长期主义者主导的治理结构，保证了治理结构的稳定性。

veTokenomics 模型的经济激励作用主要通过"投票权分配-流动性引导-收益反哺"的闭环实现。以 Curve Finance 的 veCRV（投票托管 CRV）机制为例，用户锁定 CRV 代币后获得 veCRV，其投票权直接决定平台各稳定币交易池的奖励分配比例。稳定币项目方若想提升自身流动性池的竞争力，需通过购买并锁定 CRV 获取 veCRV 投票权，或与 veCRV 持有者达成合作以争取更高奖励权重。这种机制形成了稳定币生态与治理代币的深度绑定：稳定币的流动性需求推动治理代币的锁仓行为，而治理代币的投票权分配又反向塑造稳定币的流通效率，二者共同构成价值循环。

然而，veTokenomics 模型也衍生出新的治理困境。以锁仓机制为核心的设计导致治理权向早期代币持有者集中，可能会出现 15% 的代币持有者拥有 30% 的投票权重的问题，引发对"去中心化表象下的集权风险"的质疑。更复杂的是流动性租赁市场的兴起，用户可以将短期代币出租给他人换取固定收益。这种代持行为虽提高了资金效率，却使治理决策进一步脱离普通用户意志。

在价值捕获效率方面，veTokenomics 模型呈现出旱涝不均的特征。当协议处于扩张期，锁仓者可同时享受多重收益，年化收益率持续走高。而当协议处于收缩期，协议收入缩水导致分成锐减，而锁仓的刚性约束又限制了止损操作，往往会导致锁仓者大量亏损。这暴露出时间溢价与风险溢价不匹配的问题。

随着稳定币竞争进入深水区，veTokenomics 模型正在向多维度激励进化。例如，一些去中心化金融平台在锁仓机制基础上增加了跨链治理权益、尝试将 NFT（Non-Fungible Token，非同质化代币）与治理权绑定等。这些创新有助于在保持长期激励的同时提升治理灵活性。

未来，聚焦核心矛盾，如何在强化长期承诺与保障治理公平、提高价值捕获效率与防范集权风险之间找到动态平衡，将是该模型持续进化的关键命题。

4.2 制度设计困境

治理代币的制度面临多重困境。从去中心化治理中的投票逻辑悖论，到协议收入分配的经济学权衡，这些问题凸显了治理代币在权力分配、利益协调上的复杂性。

4.2.1 去中心化治理的投票悖论

治理代币的制度设计困境在去中心化治理的投票环节尤为突出。去中心化治理的核心诉求是打破传统中心化架构下的权力垄断，让社区成员通过治理代币行使投票权，共同决定协议的发展方向。然而，在实践中，这种看似公平的投票机制却陷入了一系列难以调和的悖论，使得去中心化的理想与现实之间出现了巨大鸿沟。这主要体现在以下 3 个方面，如图 4-1 所示。

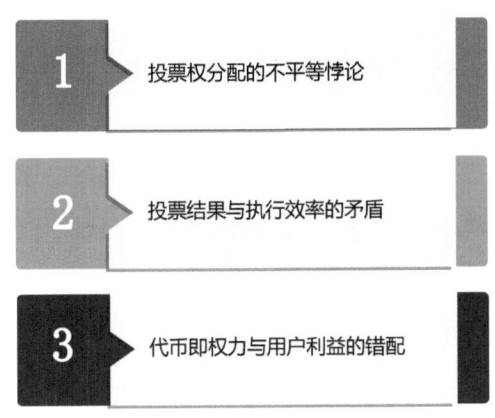

图 4-1　去中心化治理的投票悖论

1. 投票权分配的不平等悖论

投票权分配的不平等悖论是去中心化治理面临的首要难题。理论上，治理代币的持有量与投票权挂钩，持有代币越多，投票权重越大。这看似符合按贡献分配权力的逻辑，早期投资者、开发者或大型持币者为协议发展投入了更多资源，理应拥有更大的话语权。但这种设计在实际运行中却极易演变为代币垄断：少数头部持币者凭借庞大的代币数量，能够轻易左右投票结果，形成事实上的中心化治理。

例如，在某些 DeFi 协议中，前 10 名持币者掌握的投票权甚至超过 50%，普通用户的投票形同虚设。这种以代币数量论权力的机制，不仅背离了去中心化的初衷，还可能引发头部持币者为自身利益操控协议的风险，最终损害社区整体利益。

投票参与度的集体行动困境进一步加剧了悖论的复杂性。去中心化治理要求社区成员主动参与投票，以体现集体意志，但现实中投票率往往很低。这种现象的根源在于理性冷漠：对于普通用户而言，单个投票对结果的影响微乎其微,而了解提案内容、评估潜在影响却需要付出时间和精力成本,因此多数人选择放弃投票。

与此同时,投票激励机制的缺失或不合理,进一步削弱了用户的参与动力。一些协议试图通过发放代币奖励提高投票率,但这种做法可能导致盲目投票——用户为获取奖励随意投票,而非基于对提案的理性判断,反而降低了投票结果的有效性。

更关键的是,投票参与度的不均衡会强化权力集中:少数活跃的头部持币者能够通过持续投票巩固影响力,而沉默的大多数则逐渐丧失对治理的话语权,形成越沉默越被边缘化的恶性循环。

2. 投票结果与执行效率的矛盾

投票结果与执行效率的矛盾暴露了去中心化治理的实操困境。去中心化治理强调共识至上,理论上所有提案都需在投票通过后才能执行,以确保决策的公平性和合法性。但这种机制往往导致决策效率低下:一项简单的协议升级可能需要经过数周的投票周期,而涉及多方利益的复杂提案可能陷入无休止的争论。

例如,某 DeFi 协议曾试图通过治理代币投票调整质押收益率,由于规则设定需 66% 以上赞同票,而两大头部持币者因利益分歧持续否决,导致提案在三个月内经历四次投票仍未通过,最终错过市场窗口期。

更棘手的是,投票结果的执行缺乏强制力:即使提案通过,如果核心开发者或运营商拒绝执行,社区也难以采取有效制裁措施。这种投票易、执行难的困境,使得去中心化治理沦为象征性民主,既无法及时响应市场变化,也难以保障社区决策的权威性。

3. 代币即权力与用户利益的错配

代币即权力与用户利益的错配揭示了治理逻辑的根本矛盾。在当前制度设计中,投票权与代币持有量严格绑定,但代币持有者的利益未必与普通用户一致。例如,早期投资者可能更关注短期代币价格波动,倾向于支持能快速推高价格的提案,忽视协议的长期生态建设;而普通用户则更在意使用体验。

这种利益分化可能导致投票结果偏离协议的整体利益，甚至引发治理俘获——外部资本通过收购代币操控投票，将协议改造为服务自身利益的工具。此外，许多治理代币的持有者并非协议的实际使用者，他们的投票决策可能完全基于财务回报，而非对协议功能的理解，这进一步加剧了治理的非理性化。

从本质上看，去中心化治理的投票悖论源于对绝对去中心化的盲目追求，忽视了治理的本质是权力与责任的平衡。单纯依靠代币数量分配投票权，既无法解决集体行动的困境，也难以避免权力集中的风险。

未来的制度设计或许需要跳出代币即一切的框架，探索更多元的治理机制。例如，结合用户活跃度、贡献度分配投票权，或引入分层治理以平衡公平与效率。只有在权力分配、激励机制、执行保障等层面实现系统性革新，才能让去中心化治理真正摆脱悖论的束缚，回归服务社区利益的初心。

4.2.2 协议收入分配方案的比较经济学

协议收入分配是治理代币经济模型的核心命题，其本质是在协议开发者、代币持有者与生态参与者之间建立动态平衡的价值分配机制。分配方案的选择不仅影响治理代币的市场估值，还决定稳定币生态的长期可持续性，而比较经济学为解析这一问题提供了系统性框架。

从比较经济学视角看，当前主流方案可分为三类，它们在风险抵御、激励强度与生态可持续性上呈现显著差异，不同的协议收入分配方案如图4-2所示。

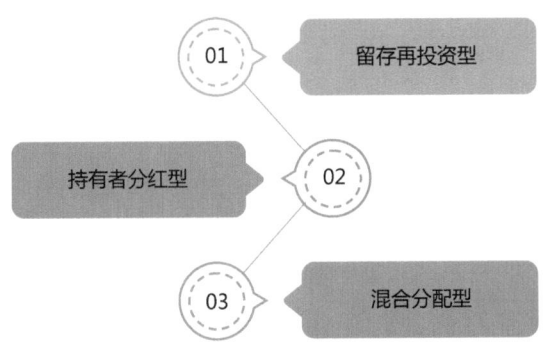

图4-2 不同的协议收入分配方案

1. 留存再投资型

留存再投资型体现为以 MakerDAO 为代表的风险准备金优先模式。MakerDAO 作为去中心化金融的奠基性协议，其收入分配机制始终围绕稳定币安全性这一核心目标展开。该协议的主要收入来源包括 DAI 借贷利息、稳定费及清算罚金。在分配结构上，MakerDAO 采取风险准备金优先原则：大部分收入被注入协议储备金，用于对冲抵押品价格波动风险，剩余收入的一部分用于回购销毁 MKR 代币，一部分用于投入生态开发基金。

这种模式的经济学逻辑在于，储备金规模与 DAI 的发行规模直接挂钩，充足的储备金能增强稳定币的抗风险能力，进而提升 MKR 代币的治理权价值背书。但该模式也存在争议，当 MakerDAO 储备金规模过大，未向代币持有者分配更多权益时，可能会带来 MKR 代币价格下跌、对持币者激励不足等问题，暴露出重储备轻分红对市场信心的抑制效应。

2. 持有者分红型

持有者分红型体现为以 GMX 为代表的直接利益绑定模式。GMX 衍生品协议采用收入向持有者倾斜的分配策略，将大部分的交易手续费按比例分配给 GMX 代币持有者和流动性提供者。这种模式的底层逻辑是股权化激励——将治理代币等同于企业股权，持有者通过分红直接分享经营成果。

从经济学角度看，这符合要素贡献原则：代币持有者承担了协议初期的研发风险与市场开拓成本，理应获得超额收益。高分红带来的市场效应显著，在熊市期间，GMX 代币价格跌幅往往会低于同期的其他代币，显示出分红对代币价值的支撑作用。

该模式的隐患在于短视化倾向。为维持高分红比例，GMX 压缩研发投入，导致衍生品品类更新缓慢，容易被竞品抢占市场份额。同时，过度依赖交易费分红使协议抗周期能力薄弱，当交易额下滑时，持有者分红同步下降，往往会引发代币抛售潮，形成"收入减少-抛压增加-市值缩水"的恶性循环。

3. 混合分配型

混合分配型体现为以 Aave 为代表的多方利益平衡模式。Aave 的分配方案试图在风险防控与激励效应间寻找平衡点。其收入主要来自借贷利差，分配结构为大部分收入用于流动性提供者（贷方）收益，剩余部分的一部分进入风险准备金，另一部分用于 Aave 代币回购销毁。这种设计兼顾了三类核心参与者：贷方获得稳定收益以维持资金供给，资金储备保障借贷系统安全，代币回购则提升持有者信心。

从比较经济学视角看，混合模式的优势在于通过结构化分配使各方利益都能得到满足。Aave 推出 GHO 稳定币，正是依靠累积的风险准备金，才得以完成初期流动性注入。但这种平衡十分脆弱，当市场利率下行导致借贷利差收窄时，三方分配比例就会成为矛盾焦点。

三类模式的核心差异体现在时间偏好选择上：留存再投资型注重长期存续和高未来收益，持有者分红型侧重短期回报，混合分配型试图在两者间实现动态平衡。

这些案例揭示出深层经济学规律：协议收入分配本质是当前消费与未来投资的权衡。过度留存会抑制当前需求，导致持有者流失，过度分红则削弱未来供给，导致生态萎缩。最优方案应具备弹性调整机制，例如，引入动态储备金率，当储备金率超过一定阈值时，提高分红比例。这既能够保障系统安全，又能够提升持有者满意度。

从制度设计角度看，未来协议可能走向模块化分配，即允许用户自主选择现金分红、代币回购等分红模式，通过智能合约实现个性化分配方案。这既符合去中心化的核心理念，也能通过市场机制优化资源配置效率。

4.2.3　稳定币发行方与交易所的关系悖论

稳定币是网络效应非常强的应用，在早期需要解决获客起量的挑战。交易所凭借其庞大的用户规模和便捷的决策效率有效帮助主流稳定币解决早期起量的问题。因此稳定币发行方在初创时期往往和中心化交易所保持"你中有我、我中有你"的关系。随着网络效应的建立，这种亲密关系会逐渐变成市场质疑稳定币独立性的根据。

Tether与加密货币交易所Bitfinex"一套班子，两块牌子"的架构是一个值得研究的实例。从公开信息来看，二者虽对外宣称独立，但其治理结构、代币运作与风险传导的深度绑定，展现了治理代币制度设计中形式独立与实质关联的潜在矛盾。

从治理根源来看，Tether与Bitfinex的核心管理层与股权结构高度重合，为治理代币的协同运作埋下伏笔：

1）同源的决策体系。二者同属iFinex集团，iFinex成立后，Bitfinex与Tether曾合并运营。随后，由Bitfinex高管主导，Tether Limited注册成功，形成"一套班子"的决策核心。

2）代币制度的隐性绑定。Bitfinex在遭遇黑客攻击后，发行BFX代币分摊损失，并允许用户将其转换为iFinex股票，而Tether的USDT作为市场主要稳定币，成为BFX代币交易与清算的核心媒介。这种设计使得Bitfinex的治理代币BFX与Tether的稳定币USDT形成流动性依赖，本质上是同一治理体系下的两种代币工具。

在实际运营中，Tether与Bitfinex的代币制度设计呈现出形式分离、实质协同的特征，既有提高效率的一面，也存在制度漏洞：

1）风险应对中的代币工具联动。在因黑客攻击遭受损失后，Bitfinex发行BFX代币，要求用户承担部分损失，而USDT在此期间保持流通量稳定，为市场提供了避险锚点。随后在Bitfinex宣布偿还完债务后，BFX代币被销毁，同期USDT流通量猛增。客观上通过两种代币的协同完成了风险消化，体现了同一治理框架下的资源调配效率。

2）储备机制与治理透明度的冲突。Tether早期称USDT由美元储备支持，随后又修改表述，称储备金包括传统货币、现金等价物、其他资产等。这种调整与Bitfinex的资金需求存在隐性关联。这暴露了"一套班子"架构下，治理代币与稳定币的储备机制缺乏独立监督，制度设计的透明度承诺让位于实际利益协同。

Tether 与 Bitfinex 的案例表明，"一套班子，两块牌子"的架构在治理代币制度设计中存在双重性：优势层面，同源治理降低了跨机构协调成本，使代币工具能快速联动以应对风险，有助于维持生态稳定性；风险层面，缺乏独立监督的协同运作，易导致治理代币与稳定币的储备、流通机制被滥用，损害市场信任。

Tether 与 Bitfinex 的案例为治理代币制度设计提供了重要镜鉴：即使采用多实体架构，也需通过明确的权责划分、独立的第三方审计及严格的储备金隔离机制，确保不同代币工具的运作符合其制度承诺，避免"一套班子"的隐性关联破坏治理的公正性与可信度。

4.3 治理实践挑战

治理代币的价值在现实博弈中面临多重考验。Curve War 中的流动性争夺改写价值规则，Mango Markets 事件揭开治理攻击的隐患。实践中的攻防博弈不断挑战着价值捕获机制的边界，也倒逼治理体系持续进化。

4.3.1 Curve War 对稳定币流动性的争夺

Curve War 是加密货币行业围绕去中心化稳定币交易所 Curve Finance 展开的一场流动性争夺战役，其核心是通过治理代币 CRV 的持有与锁仓，争夺稳定币交易池的控制权，进而影响稳定币的市场地位与生态价值。这场战役成为治理代币在实际博弈中价值捕获机制的典型案例。

Curve Finance 的机制设计是流动性争夺的起点。Curve Finance 的核心竞争力在于其针对稳定币交易的低滑点、低手续费机制。它专注于锚定价格相近的资产，如 USDT、DAI 等稳定币通过特殊的 AMM 算法将交易滑点降至最低，成为稳定币兑换的核心枢纽。

Curve Finance 的治理代币 CRV 的设计为这场争夺战埋下伏笔。CRV 持有者可通过锁仓 CRV 获得 veCRV，不仅能参与 Curve Finance 的治理投票，还能按比例分享平台手续费分成，并决定各交易池的流动性挖矿奖励权重。这意味着，掌握 veCRV 的主体可通过投票将更多奖励倾斜至特定稳定币交易池，从而吸引该稳定币的流动性注入，间接巩固其市场地位。这种投票权决定流动性分配的机制，使 CRV 成为稳定币项目争夺生态主导权的关键武器。

Curve War 的参与者涵盖稳定币发行方、DeFi 协议、投资机构等多类主体，各方通过"囤积 CRV－锁仓换 veCRV－投票倾斜奖励"的路径展开角逐，形成复杂的博弈格局，如图 4-3 所示。

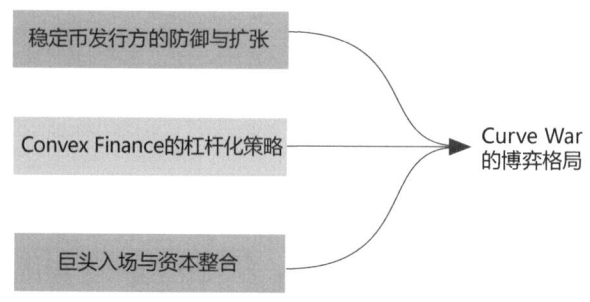

图 4-3　Curve War 的博弈格局

（1）稳定币发行方的防御与扩张

对于 USDC、DAI 等头部稳定币而言，Curve Finance 的流动性是维持其市场流通性的核心基础设施。为确保自身交易池获得足够奖励，稳定币项目方通过直接购买 CRV 或与 Curve Finance 合作推行流动性挖矿激励计划，争夺 veCRV 话语权。

（2）Convex Finance 的杠杆化策略

DeFi 平台 Convex Finance 的上线成为 Curve War 的关键变量。其核心模式是为 CRV 持有者提供无须锁仓即可获得收益的服务：用户将 CRV 存入 Convex Finance，由平台集中锁仓兑换 veCRV，再将获得的手续费分成与治理投票权按比例分配给用户。这一设计解决了 CRV 锁仓的流动性损失问题，迅速吸引大量 CRV 存入，使 Convex Finance 一度控制了大量 veCRV 投票权，成为 Curve

Finance 生态的流动性枢纽。

Convex Finance 的崛起让 Curve War 进入代理战争阶段，稳定币项目方不再直接购买 CRV，而是通过投资 Convex Finance 或与其合作，间接获得 veCRV 投票权。

（3）巨头入场与资本整合

随着 Curve War 的白热化，传统加密巨头也纷纷下场。不少加密货币交易所通过旗下基金大量收购 CRV、与 Convex Finance 开展合作等，试图通过 veCRV 投票权影响稳定币市场格局。这些巨头的入场不仅加剧了流动性争夺的激烈程度，更将 Curve War 从去中心化协议间的博弈升级为跨生态的资本较量。

Curve War 的本质是稳定币通过控制流动性入口巩固自身生态地位。在加密货币市场中，稳定币的核心价值在于流动性网络效应——流通场景越广、兑换越便捷，用户对其的依赖度越高。Curve Finance 作为稳定币兑换的核心枢纽，其交易池的流动性深度直接决定了稳定币的市场接受度。

为争夺流动性，各参与方甚至采取补贴战策略，通过发行平台代币补贴流动性提供者，以高于市场平均收益的奖励吸引资金注入特定交易池。这种"烧钱"换流动性的模式虽在短期内奏效，却也引发了市场对可持续性的质疑。

Curve War 对稳定币流动性的争夺，本质上是治理代币价值捕获机制在实践中的体现。Curve Finance 通过 CRV 与 veCRV 的设计，将流动性分配权转化为可交易的治理资产，而各参与方通过囤积、锁仓、合作等方式争夺这一权力，最终目的是巩固自身稳定币的地位。

这场战役既展现了治理代币在协调去中心化生态资源中的创新价值，即通过市场化博弈实现流动性高效分配，也暴露了其局限性——过度依赖代币补贴可能导致价值泡沫，且巨头入场可能削弱去中心化治理的公平性。Curve War 的经验表明，稳定币的流动性竞争已超越单纯的技术层面，进入"治理代币+生态协同+资本实力"的综合较量阶段，这一趋势也为后续治理代币制度设计提供了重要参考。

4.3.2 治理攻击案例：Mango Markets 事件

Mango Markets 事件是加密货币领域中一起十分具有代表性的治理攻击案例，它深刻揭示了 DeFi 协议在治理代币机制设计与安全防护方面的潜在漏洞。该事件的爆发引发了整个加密行业对治理安全的高度关注与反思。

Mango Markets 是 Solana 区块链上的一个去中心化交易和借贷平台。该平台以其快速的交易速度和借贷服务吸引了大量用户。其治理代币 MNGO 赋予持有者参与平台治理决策的权利，包括协议参数调整、新功能上线等重要事项的投票权。

2022 年 10 月，一名交易员对 Mango Markets 发动攻击。他利用平台设计的漏洞，通过操纵协议保证金交易系统内的价格，实现了对大量用户资金的非法转移。具体而言，这名交易员抓住了 Mango Markets 预言机机制的弱点。预言机作为连接区块链与现实世界数据的桥梁，负责为 DeFi 协议提供外部市场价格信息。在 Mango Markets 中，预言机的价格数据直接影响抵押品价值的评估与借贷额度的计算。

这名交易员通过在多个交易平台上制造虚假的交易活动，人为拉高了 Mango Markets 治理代币 MNGO 的价格。由于 Mango Markets 的预言机未能有效识别这些虚假交易，将被操纵后的高价纳入计算，使得该名交易员持有的 MNGO 抵押品价值被严重高估。凭借这一被虚增价值的抵押品，他从 Mango Markets 的协议金库中借出了大额各类主流加密资产，随后迅速转移资金，导致平台资金池遭受重创。

攻击发生后，Mango Markets 陷入混乱。平台的流动性瞬间枯竭，大量用户的资产被冻结，无法进行正常的交易与提现操作。市场信心受到极大打击，不仅 Mango Markets 的声誉一落千丈，整个 Solana 生态系统的稳定性也受到影响，引发了投资者对 DeFi 平台安全性的普遍担忧。

此次事件引发了一系列后果。该名交易员被起诉，要求归还全部赔偿金及利息。Mango Markets 也被罚款，同时被要求销毁 MNGO 代币，并从交易中移除该代币。

　　Mango Markets 事件为加密货币行业提供了深刻教训。从治理代币制度设计角度看，该事件凸显了对预言机机制进行严格安全审查与多重验证的必要性，防止其成为价格操纵的突破口。同时，治理投票机制需增强抗攻击性，避免攻击者利用治理代币的控制权对平台决策进行恶意干预。在监管层面，这一事件促使监管机构进一步明确对 DeFi 项目的监管规则，强化对代币发行与交易行为的合规审查，确保投资者权益得到有效保护。

　　总之，Mango Markets 事件成为推动加密行业治理体系与安全防护机制持续进化的重要驱动力。

第 5 章　合规进阶路径设计

稳定币的合规之路荆棘密布，不仅要应对各国监管政策的巨大差异，还要跨越跨境监管协调的重重障碍。探寻稳定币合规的进阶路径迫在眉睫。从全球监管版图的系统梳理，到跨境监管协调困境的深入剖析，再到切实可行的合规方案设计，本章通过全面的稳定币合规讲解，为合规瓶颈突破提供指导。

5.1 全球监管版图

稳定币的合规实践需以全球监管格局为基础。不同经济体基于金融主权与风险防控需求，形成了差异化的监管范式。美国的《GENIUS法案》、欧盟的 MiCA 框架、日本的《资金决算法案》，共同构成了稳定币监管的三大代表性体系，其核心条款与门槛设定直接影响全球稳定币的发行逻辑与运营边界。

5.1.1 美国《GENIUS 法案》核心条款

2025 年 7 月，美国众议院通过了《指导和建立美国稳定币国家创新法案》（以下称《GENIUS法案》），而美国参议院已在 6 月批准了这一法案。这一法案旨在为稳定币发行构建全面的监管框架，是美国在稳定币监管领域迈出的关键一步。该法案的核心条款如图 5-1 所示。

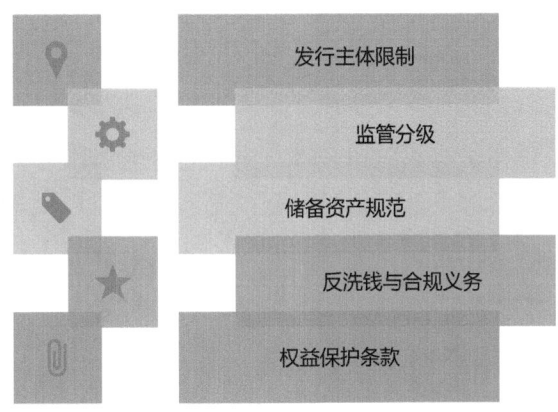

图 5-1 美国《GENIUS 法案》核心条款

(1) 发行主体限制

法案对稳定币发行人资格设定了较高门槛，仅允许特定美国注册实体发行支付稳定币。发行人主要分为三类：一是银行或其子公司；二是经联邦监管批准的非银行金融机构，如受货币监理署监管的机构；三是获得州级许可且符合联邦实质等效标准的州级发行方。

(2) 监管分级

监管方面，法案构建了分级监管体系。对于发行规模低于 100 亿美元的稳定币，发行人可选择州级监管当局审批监管，而规模超过 100 亿美元的发行人，则必须接受联邦监管当局审批监管。

(3) 储备资产规范

为确保稳定币价值稳定及可赎回性，法案对储备资产做出细致且严格的规定。稳定币必须拥有 1∶1 的美元或高流动性资产支持，这些高流动性资产涵盖美元现金、活期存款、短期美国国债等。

发行人需每月公开披露储备资产的规模和结构，让市场参与者及时了解稳定币背后资产支撑情况。规模超过 500 亿美元的发行人还需提交经审计的年度财务报表，进一步提升信息可信度。

(4) 反洗钱与合规义务

稳定币发行人被纳入美国《银行保密法》监管范畴，需严格履行反洗钱和反恐融资等合规义务。发行人必须建立完善的反洗钱与制裁合规体系，涵盖交易监控机制，通过技术手段实时监测异常交易；开展风险评估，对客户、交易对手等进行风险分级管理；及时提交可疑活动报告，一旦发现潜在非法交易迹象，迅速向相关监管部门报告。此外，发行人还需妥善保留交易记录，以便监管机构随时审查。

(5) 权益保护条款

在保护稳定币持有者权益方面，法案规定，若发行人破产，稳定币持有者偿付优先级高于其他债权人。同时，严禁发行人虚假宣传，明确稳定币并非由政府担保，仅是现金等价物，让消费者清晰认知投资风险。发行人需建立清晰、便捷的赎回程序，保障用户能及时赎回稳定币，维护消费者在稳定币交易中的合法权益。

《GENIUS法案》的这些核心条款，既为稳定币发行、运营划定了清晰边界，又在监管方面保留了一定弹性。其通过明确权责与规范，试图平衡稳定币创新与金融风险，成为美国稳定币监管的重要基石，也为全球相关监管提供了参考样本。

5.1.2 欧盟 MiCA 框架的发行门槛

欧盟发布的 MiCA 为稳定币发行设定了严格且全面的准入标准，旨在平衡创新与风险防控，维护金融稳定与消费者权益。其发行门槛主要有以下几个：

(1) 发行人资质与许可要求

MiCA 将稳定币分为电子货币代币和资产参考代币两类。发行这两类稳定币需获得欧盟成员国监管机构的授权，并满足一系列资质条件。发行人必须在欧盟境内设立实体，且需建立完善的治理机构，包括独立的风险管理、合规和内部审计部门等。

(2) 储备资产与赎回保障

稳定币发行人必须确保储备资产与代币发行规模100%匹配，并遵循严格的资产隔离与托管规则。储备资产需由欧盟授权的信贷机构或电子货币机构托管，且资产类型需与稳定币挂钩资产的性质相匹配。

(3) 信息披露与透明度义务

MiCA要求发行人提供详细的白皮书，披露稳定币的关键信息，包括挂钩资产的性质与价值、赎回机制、费用结构、风险因素等。白皮书需经监管机构审核通过后方可发布。此外，发行人需向监管机构报送超过一定规模的交易信息，以防范市场操纵与洗钱风险。

(4) 反洗钱与市场滥用防控

稳定币发行人需遵守欧盟《反洗钱指令》的要求，实施客户身份识别、客户尽职调查和交易监控程序。MiCA还禁止市场操纵与内幕交易行为，规定发行人及其关联方不得从事可能影响稳定币价格的交易活动。监管机构有权对违规行为处以高额罚款。

(5) 跨境运营与第三国发行人

欧盟境内发行的稳定币可在成员国之间自由流通，但需满足互认条件。第三国发行人若希望向欧盟用户提供服务，需通过设立欧盟境内分支机构或委托欧盟授权的代表机构，并遵守与欧盟发行人相同的监管要求。第三国监管框架需经欧盟委员会评估认定为等效，否则发行人将面临更严格的合规审查。

(6) 消费者保护与争议解决

MiCA强化了消费者保护机制，要求发行人向用户清晰披露风险信息，并提供易于理解的投诉处理程序。用户有权在发现稳定币存在重大缺陷时要求赎回。对于因发行人违规导致的损失，用户享有法定赔偿权。

欧盟MiCA通过上述发行门槛，构建了一套全面且严格的稳定币监管体系，既为创新预留了空间，又有效防范金融风险，其实施对全球稳定币市场格局产生了深远影响。

5.1.3 日本《资金决算法案》修正案

日本于2022年6月通过的《资金决算法案》修正案，将稳定币纳入法律监管框架。该修正案的核心内容包括以下几个方面：

（1）稳定币分类

修正案将稳定币分为两类。一类是银行发行的稳定币，这类稳定币由持牌银行发行，需100%准备金支持。另一类是注册资金服务商或信托公司发行的稳定币，这类稳定币主要用于支付。

（2）发行主体资质与许可要求

修正案规定，仅三类机构可发行稳定币：满足资本要求和风险管理要求的持牌银行；向金融厅提交业务计划书、资本证明以及其他文件，经审核通过后获得注册的注册资金服务商；符合日本《信托业法》相关规定且具备专业的资产托管能力的信托公司。

（3）储备资产

稳定币发行人必须将用户资金与自有资金严格隔离，并确保储备资产100%覆盖发行规模。储备资产仅限现金或银行存款、短期国债、高信用评级的商业票据等形式。发行人需持续披露储备资产的构成和价值。

（4）反洗钱与客户保护措施

修正案强化了稳定币发行方的反洗钱义务，要求其实施严格的客户身份识别和客户尽职调查，并建立交易监控系统，报告可疑交易，同时保存交易记录。此外，修正案要求发行人需明示稳定币的风险和赎回条件、建立投诉处理机制等，以保护用户权益。

（5）跨境监管

修正案引入跨境支付服务商制度，允许符合条件的外国稳定币发行方在日本提供服务，但需满足一些条件，如在日本设立代表处、与日本境内托管机构合作、接受金融厅的定期检查等。

修正案为日本稳定币市场提供了明确的法律框架，促进了合规创新。同时，修正案也推动了日本与其他国家的监管合作，提升了其在全球稳定币监管领域的话语权。

5.2 跨境监管协调困境

稳定币的跨境流动特性使其深陷监管协调的困境。不同经济体在稳定币的监管标准上存在分歧，管辖权的冲突也屡见不鲜，这些都导致监管协同难以推进，为跨境风险传导埋下隐患。

5.2.1 管辖权冲突典型案例（USDC跨境发行争议）

稳定币的跨境流动打破了传统金融监管的地域边界，其发行、流通和赎回环节涉及资金跨境转移、资产储备管理等多种跨境金融活动，极易引发不同经济体间的管辖权冲突。由于各国金融监管体系、法律框架及监管目标存在差异，同一稳定币在不同司法辖区可能被赋予不同的法律属性，进而导致监管主体、监管标准和执法依据的分歧。USDC跨境发行过程中暴露出的管辖权冲突问题就是一个典型案例。

在USDC跨境发行时，当地会基于自身金融体系的安全与稳定币监管需求，对USDC的进入设置规则。欧盟地区通过MiCA建立统一执照与跨区域监管机制，USDC进入欧盟市场，需满足MiCA的一系列合规要求。

欧盟要求所有在欧盟境内提供服务的稳定币发行方必须取得欧盟加密资产服务提供商牌照或电子货币机构牌照，并接受欧盟成员国监管机构的直接监督。Circle是一家美国公司，已在美国申请设立国家信托银行，并接受美国财政部金融犯罪执法网络的反洗钱监管。欧盟监管机构认为，美国对稳定币的监管标准与MiCA存在显著差异，因此要求Circle在欧盟境内设立独立法人实体，并单独持有足额欧元储备以支持稳定币的发行。

这一要求导致监管管辖权冲突：美国认为其已对 Circle 实施充分监管，欧盟不应额外增设壁垒；而欧盟则坚持金融主权原则，要求在其市场运营的稳定币必须符合本地标准。最终，Circle 调整战略，将欧洲业务剥离为独立实体 Circle EU，接受欧盟的直接监管。

这一案例折射出稳定币跨境监管中属地管辖与属人管辖的博弈。管辖权冲突不仅增加了稳定币发行方的合规成本，也可能导致监管套利空间的出现。随着稳定币跨境应用场景的拓展，如何通过国际协调构建兼容的监管框架，平衡各国金融主权与全球市场效率，已成为稳定币监管领域亟待解决的核心议题。

5.2.2 监管标准不统一的套利空间（牌照互认漏洞）

在全球稳定币监管的大框架下，牌照作为市场准入的关键门槛，不同经济体间对稳定币牌照的监管标准千差万别，由此衍生出诸多套利空间。

在稳定币监管方面，欧盟通过 MiCA 构建了一套相对统一的监管体系。在牌照准入上采用护照制度，即一家企业只要在任意一个欧盟成员国成功获取 MiCA 许可，其提供的稳定币服务便能通行于整个欧洲经济区。这一制度在促进欧盟区域内市场统一、推动合规进程上成效显著。

反观部分新兴市场国家，由于稳定币监管体系尚处于探索阶段，牌照审批标准相对宽松。例如，一些东南亚国家对稳定币发行主体的资本要求较低，对储备资产的托管机构资质、审计频率等规定也更为简化。

以某东南亚国家为例，其对稳定币发行方的牌照申请仅要求基本的反洗钱流程备案，对储备资产是否与发行规模 100% 匹配缺乏动态核查机制。而欧盟 MiCA 则要求储备资产必须由授权信贷机构托管、每季度接受独立审计并公开报告，二者在监管细则和执行力度上差异显著，使得稳定币发行方有机会依据自身业务需求，在不同经济体之间选择对自己最有利的监管环境开展业务。

全球范围内稳定币监管标准的不统一，为市场参与者创造了套利机会。部分稳定币发行方利用不同经济体监管标准的差异，在监管宽松地区申请牌照，而后将业务拓展至监管更为严格的区域。

例如，某些小型稳定币项目可能在一些牌照申请条件要求较低、对储备金监管相对宽松的司法管辖区获取牌照，随后便借助互联网与区块链的跨境特性，向监管严格地区的投资者提供服务。这些项目在全球市场的流通扰乱了正常的市场竞争秩序，也给投资者带来潜在风险。

一旦这些项目出现资金挪用、储备金不足导致币值波动等问题，由于其牌照发放地与业务开展的监管标准不一致，责任认定与投资者权益保护将很复杂，极易引发跨境金融风险。同时，相关风险在不同经济体间传导时，监管机构难以协同应对，会威胁全球稳定币市场的健康发展。

5.2.3 国际协调机制尝试（FATF 指引/IMF 建议）

面对稳定币跨境流动带来的监管难题，国际社会积极探索协调机制，FATF（金融行动特别工作组）和 IMF（国际货币基金组织）的举措备受瞩目。

作为国际反洗钱和反恐怖融资领域的标准制定者，FATF 发布了针对虚拟资产（包括稳定币）的指引。该指引旨在助力各国政府制定监管对策，同时帮助虚拟资产服务提供商明晰合规义务。其秉持技术中立原则，致力于营造公平竞争环境，使功能等效的产品与服务，无论基于何种技术或身处何地，都遵循相同的风险为本标准。

在稳定币监管方面，FATF 明确，稳定币应依据资产性质被视作虚拟资产或其他受其标准约束的金融资产。由于稳定币存在被大规模采用的潜力，且与其他虚拟资产一样面临反洗钱和反恐怖融资风险，若被不法分子利用，后果不堪设想。为此，FATF 针对稳定币交易提出"旅行规则"，要求金融机构传递交易双方重要身份识别信息，以便追踪资金流向，有效防范洗钱与恐怖融资活动。

此外，FATF 还对虚拟资产服务提供商的许可与注册给出考量建议，针对点对点虚拟资产交易和去中心化金融安排带来的风险提供应对工具。该指引有力推动了各国相关政策的制定，促使全球监管标准逐步统一。

IMF 同样在稳定币监管协调中发挥关键作用。2023 年 9 月，IMF 与金融稳定委员会联合发布报告，综合二者政策建议与标准，阐述加密资产（含稳定币）活动对宏观经济和金融稳定的潜在影响。IMF 建议，为应对稳定币相关风险，各国应捍卫货币主权，强化货币政策框架，防范资本流动过度波动，并对加密资产实施明确税收政策。

在金融稳定与金融诚信风险防控上，对稳定币开展全面监管与监督。例如，对于稳定币发行方，IMF 提议实施严格审慎要求，因其作为众多投资者的价值储存手段，若缺乏监管，可能危及货币与金融稳定。对于涉足加密货币业务的既有金融机构，需明确其加密交易风险应对要求。

国际组织的协调机制尝试，为全球稳定币监管搭建起初步框架。同时，稳定币市场发展迅猛，新问题不断涌现，各国在具体执行中仍存在差异。未来，需进一步强化国际合作，依据市场变化持续完善监管机制，提升全球稳定币监管协同效应，有效防控跨境风险。

5.2.4 离岸监管天堂：BVI 架构分析

BVI（英属维尔京群岛）凭借其独特的政策与监管环境，在全球金融版图中成为知名的离岸金融中心，在稳定币跨境发行与交易的浪潮下，其架构对稳定币监管产生了深远影响。

BVI 拥有十分优惠的税收政策，这是吸引众多金融机构与企业的关键因素。在这里注册的公司，通常无须缴纳公司所得税、资本利得税以及股息预提税。稳定币发行方在此设立主体，能极大地降低运营成本与税务负担，吸引了大量寻求成本优势的稳定币项目。

在监管层面，BVI 采取了相对宽松灵活的政策。其实施的虚拟资产服务提供商法案虽对虚拟资产服务提供商进行监管，但相较于欧美等主流经济体，其监管标准较为宽松。在牌照申请流程上，BVI 未设置过于复杂的程序与严苛的资质门槛，一些在其他地区因合规条件不达标而难以获取牌照的稳定币发行方，在 BVI 有机会顺利获得运营许可。在对稳定币储备金的监管要求上，BVI 也没有提出较高的储备金比例与严格的储备金管理规范，这为稳定币发行方在资金运用上提供了更大灵活性。

然而，BVI 架构也可能对稳定币的长久发展造成阻碍。在稳定币发展初期，BVI 架构便于稳定币发行方迅速扩大市场份额，但随着全球稳定币监管趋严，一些稳定币因为注册地为 BVI，在申请欧盟、美国等地合规牌照时困难重重。一些此前在欧盟、美国等地流通的稳定币，也在当地新政策生效后不得不下架。

BVI 的离岸架构一方面为部分项目提供了成长与发展的土壤，另一方面也因其与全球主流监管标准的差异，加剧了稳定币跨境监管的协调困境。其宽松的政策成为稳定币跨境风险传导的潜在通道，为全球监管机构协作带来了新的问题。

5.3 合规方案设计

在全球监管差异与跨境协调难题的双重压力下，合规方案设计成为稳定币突破发展瓶颈的核心抓手。从 Circle 与纽约梅隆银行的托管合作实践，到链上反洗钱追踪技术的应用，再到 FATF "旅行规则"指引下的税务处理，以及合规发行成本模型的构建，多维度的解决方案为稳定币的合规化发展提供切实可行的路径。

5.3.1 银行托管方案：Circle-纽约梅隆银行案例

稳定币的价值锚定与储备资产的安全性是其市场信任的核心支柱，而银行托管作为保障储备资产透明化、合规化的关键机制，已成为头部稳定币发行方的主流选择。Circle 与纽约梅隆银行的深度托管合作，正是这一模式的典型实践。

Circle 很早就将储备资产托管纳入核心合规战略。其与纽约梅隆银行达成战略合作，将 USDC 储备资产中的现金及现金等价物交由纽约梅隆银行托管。这一合作既满足了美国联邦及州级监管对资产隔离、反洗钱的要求，也通过传统金融机构的公信力强化了市场对 USDC 的信心。纽约梅隆银行发展历史悠久，拥有完善的资产托管体系、严格的风控流程，符合法律合规框架，其托管资质覆盖美联储、货币监理署等多维度监管要求，与 Circle 作为美国注册信托公司的合规定位高度契合。

从合作机制来看，双方构建了"全额隔离+动态对账"的托管模式。USDC 的储备资产与 Circle 自有资金实现 100% 法律隔离，由纽约梅隆银行独立托管并定期出具资产证明。托管资产涵盖美元现金、短期美国国债等符合监管要求的高流动性资产，且每笔资产变动均需通过银行系统与区块链网络的实时对账完成，确保储备资产规模与 USDC 流通量严格对等。这种机制既满足了美国 GENIUS 法案中对储备资产 1 : 1 高流动性支持的要求，也回应了欧盟 MiCA 对资产托管独立性的规范，为 USDC 跨境流通扫清了部分监管障碍。

此外，合作还嵌入了多层次的合规协同。纽约梅隆银行作为托管方，承担着储备资产的反洗钱筛查义务，通过其内部的交易监控系统对资金来源及流向进行穿透式管理，与 Circle 自身的客户尽职调查流程形成互补。同时，银行定期向 Circle 提供储备资产明细报告，Circle 则基于此向公众披露储备资产构成。这种"银行托管+公开披露"的双重机制，既满足了监管机构对透明度的要求，也降低了市场对储备资产挪用风险的担忧。

该案例的核心价值在于构建了"稳定币发行方+传统银行"的合规生态。通过依托纽约梅隆银行的监管资质与托管能力，Circle 既规避了自建托管体系可能面临的合规成本高的问题，又借助传统金融机构的全球网络实现了储备资产的跨境管理。

这种模式为其他稳定币发行方提供了启示：在全球监管差异显著的背景下，与符合国际标准的银行合作，既能满足不同司法辖区对托管资质的要求，也能通过金融基础设施的互联互通，缓解跨境监管中的信任摩擦，为稳定币的合规化扩张奠定基础。

5.3.2 反洗钱链上追踪技术

从技术长期发展的角度来看，区块链技术不仅不是监管的挑战，反而是监管的有力工具。

现阶段，稳定币的匿名性与跨境流通特性使其成为洗钱、恐怖融资等非法活动的潜在工具，而传统金融的反洗钱手段难以适配区块链的去中心化架构。为此，链（区块链）上追踪技术作为弥补监管空白的关键工具，被广泛应用于稳定币反洗钱合规中，成为平衡隐私保护与监管需求的核心技术方案。

区块链的不可篡改性、公开透明性和可追溯性，使得链上追踪技术可以赋予执法机构比传统手段强大得多的追索犯罪能力。链上追踪技术的核心逻辑是通过区块链对稳定币交易进行全链路解析。与传统依赖中心化机构记录交易的模式不同，稳定币的每一笔转账都会被打包进区块并上链存储，形成不可篡改的数据。用户可以使用 HoneyBeeScan 等工具对各个链上的交易进行分析和追溯。

反洗钱技术服务商通过构建地址标签库、交易图谱分析系统，将链上匿名地址与现实世界实体关联，实现对资金流向的穿透式追踪。例如，当某笔稳定币交易涉及已知的高风险地址（如被监管机构列入黑名单的钱包）时，系统可实时触发预警，帮助发行方或交易所拦截交易。

当前主流的链上追踪技术主要包含三个层级：基础数据层通过爬虫工具实时抓取区块链全网交易数据，构建包含地址余额、转账记录、智能合约交互等信息的数据库；分析层利用图神经网络、机器学习算法对交易数据进行建模，识别规避追踪的工具，还原资金拆分、聚合等洗钱手法；应用层则向监管机构、稳定币发行方提供可视化的追踪报告，支持自定义风险规则配置。

在合规实践中，稳定币发行方可通过集成链上追踪技术，构建覆盖事前、事中、事后的全流程反洗钱体系，如图 5-2 所示。

1）事前筛查。发行方可利用地址标签库对用户钱包地址进行风险评级，对高风险地址限制交易额度或拒绝服务。

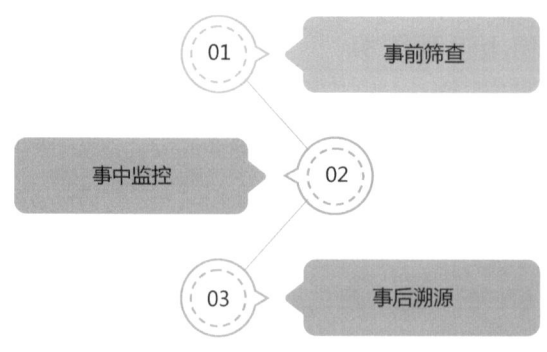

图 5-2　全流程反洗钱体系

2）事中监控。发行方可通过实时监控系统追踪每笔稳定币转账，识别快进快出、大额拆分等异常交易模式，并进行人工审核。

3）事后溯源。若发生可疑交易，发行方可借助技术工具追溯资金源头与最终去向，为监管机构调查提供证据支持。

这种机制满足了法律法规对交易监控的要求，使稳定币在跨境流通中能有效防范非法资金渗透。

链上追踪技术的应用面临隐私保护与监管效率的平衡难题。过度追踪可能侵犯用户合法隐私，而技术漏洞则可能导致监管失效。为此，部分技术方案引入零知识证明、隐私计算等技术，在不暴露具体交易信息的前提下完成风险核验，如通过加密凭证证明某笔交易的资金来源合规，同时不泄露用户身份。这种"隐私保护+反洗钱"的技术融合，成为稳定币在隐私法规约束下实现合规的重要路径。

链上追踪技术通过将区块链的技术特性转化为监管抓手，为稳定币反洗钱合规提供了可落地的解决方案。其不仅帮助发行方满足不同司法辖区的监管要求，还推动了全球反洗钱协作——当某国监管机构发现可疑交易时，可通过技术工具向其他地区的合作机构共享追踪数据，形成跨境监管合力。随着稳定币市场规模扩大，链上追踪技术的精准度与隐私兼容性将进一步提升，成为连接技术创新与监管合规的关键纽带。

5.3.3 税务处理：FATF"旅行规则"实践

稳定币的跨境交易特性使得传统基于地域边界的税务监管体系面临挑战，而FATF（反洗钱金融行动特别工作组）推出的"旅行规则"为解决稳定币跨境交易的税务信息共享与合规处理提供了核心框架。作为全球反洗钱与税务监管协调的重要指引，"旅行规则"在稳定币领域的落地实践，成为平衡跨境交易效率与税务合规的关键。

FATF"旅行规则"的核心要求是：当虚拟资产服务提供商处理超过一定金额的跨境交易时，需收集并传递交易双方的身份信息，包括发送方与接收方的姓名、账号、地址及交易金额等数据。这一规则打破了区块链交易的匿名性壁垒，要求稳定币发行方、交易所等服务机构在跨境交易中承担信息中介角色，为税务机关追踪资金流向、确认应税行为提供依据。由于稳定币常被用于跨境支付与价值转移，"旅行规则"的执行直接关系到各国税务部门对资本利得税、增值税等税种的征管效率。

在实践层面，稳定币生态参与者往往通过构建"交易信息前置核验+跨境数据合规传输"机制落实"旅行规则"要求。例如，在稳定币跨境交易的过程中，当用户通过交易所发起跨国转账时，交易所需先核验用户身份信息，并将交易双方的身份数据、交易金额等信息录入标准化格式的报告中。在交易完成前，发送方所在机构需将报告加密传输至接收方所在机构，双方确认信息匹配后才可完成链上转账。这种机制既满足了"旅行规则"对信息传递的要求，也为税务机关提供了可追溯的交易凭证。

为适配不同国家的税务监管差异，稳定币服务机构还需在"旅行规则"框架下进行本地化合规调整。例如，欧盟要求交易信息传输需符合欧盟《通用数据保护条例》（GDPR）的数据加密与隐私保护标准，因此机构在传递税务相关数据时需采用匿名化处理技术，仅向税务机关披露必要的应税信息。

值得注意的是，"旅行规则"在落地中面临技术与合规的双重挑战。例如，部分去中心化交易所因缺乏中心化中介，难以落实信息收集与传递义务；不同国家对应税交易门槛的规定存在差异，可能导致规则执行不一致。

对此，行业正在探索"链上智能合约+监管节点"的技术方案，在稳定币智能合约中嵌入税务信息触发机制，当交易达到应税门槛时自动向监管节点推送信息。这既保留了区块链的去中心化特性，又能够满足"旅行规则"的合规要求。

FATF"旅行规则"为稳定币跨境税务合规提供了统一的技术与流程标准，其核心价值在于通过信息共享打破税务监管的地域壁垒，同时为各国税务机关提供了适配自身监管需求的弹性空间。未来，"旅行规则"的实践将进一步推动全球税务协调框架的完善，成为稳定币走向合规化的关键助力。

5.3.4 合规稳定币发行成本模型

稳定币的合规化发展不仅需要适配全球监管框架，还需构建可持续的成本模型，以平衡合规投入与商业可行性。稳定币的发行成本涵盖牌照申请、储备资产管理、技术运维、监管合规等多个维度，其结构与规模直接影响发行方的市场竞争力。建立科学的成本模型，成为稳定币在严格监管环境中实现规模化发展的关键。

从成本构成来看，稳定币的发行成本可分为固定成本与可变成本两大类别。固定成本主要包括牌照获取与基础设施投入。在牌照方面，发行方在美国、欧盟等地申请牌照需要缴纳高昂的申请费，同时需要支付较高的年度维护成本。笔者带领团队花费数月时间、投入很多成本与美国联邦以及多州相关部门进行沟通，方才获取 MSB 和 MTL 牌照。

在基础设施方面，发行方需搭建或购买符合反洗钱要求的客户身份识别系统、链上交易监控平台等，初期技术投入通常需要几百万美元。这些固定成本构成了稳定币发行的准入门槛。

可变成本则与稳定币流通规模、跨境业务范围直接相关，核心包括储备资产管理成本与合规协同成本。储备资产方面，为满足 1∶1 高流动性支持要求，发行方需将资金存入托管银行并支付托管费用。合规协同成本则随业务范围扩张而增加：在欧盟开展业务需额外投入欧元储备资产的审计费用，在日本运营需满足本地化技术改造要求，这些成本随跨境区域增多而增加。

为优化成本结构，头部发行方往往通过"规模效应+技术复用"构建高效成本模型。一方面，流通规模扩大可摊薄固定成本；另一方面，通过复用反洗钱系统、审计框架等基础设施，降低区域拓展的边际成本。此外，发行方还可以通过储备资产的智能化管理降低成本，如采用算法动态调整短期国债与现金的比例，在保证流动性的同时提升资产收益。

成本模型的设计还需嵌入合规溢价的考量。严格的合规投入虽增加成本，但能提升市场信任度，进而扩大流通场景与用户规模。例如，在合规方面表现出色的头部发行方，其稳定币往往被更多的金融机构接受，流通量持续增长，最终规模效应反哺成本控制。

总之，在成本模型设计方面，稳定币发行方需根据目标市场的监管强度、自身的业务规模动态调整成本结构，通过固定成本的集约化投入与可变成本的精细化管理，在满足合规要求的同时实现长期盈利。

第三部分
应用场景与金融革命

第6章 DeFi世界的"基础燃料"

DeFi 基于区块链大幅提高金融交易效率，DeFi 市场是加密技术最先被验证落地潜力、最有活力的市场之一。当加密货币市场因价格剧烈波动而难以承载复杂金融活动时，稳定币以其锚定法币的特性，成为 DeFi 世界平稳运转的关键要素。本章将深入探索稳定币在 DeFi 领域的核心应用：从 DeFi 生态流动性优化与收益策略设计，再到金融工具创新，全面揭示稳定币如何成为驱动 DeFi 生态高效运转的底层支柱，以及其在这场金融革命中所扮演的关键角色。

6.1 流动性优化

流动性是 DeFi 生态的生命线，而稳定币是激活这一生命线的核心力量。在去中心化交易所中，稳定币和代币可以互相兑换，组成稳定币交易对。稳定币交易对买卖双方的需求量大小，也就是交易深度直接影响交易效率。不同区块链仿佛 iOS、安卓等不同的手机操作系统，稳定币仿佛微信、支付宝等常见应用。正如微信可以在 iOS 系统登出后在安卓系统上运行那样，同一个稳定币也可以通过跨链桥在不同的区块链之间流转。跨链桥解决方案提升了稳定币的流通性，深度和跨链桥二者共同筑牢 DeFi 流动性根基。

6.1.1　DEX 稳定币交易对深度优化

DEX 是一种运行在区块链上的加密货币交易所，支持用户通过智能合约进行加密货币交易。在 DEX 生态中，稳定币交易对的深度是衡量平台竞争力的核心指标，更是保障用户交易体验的基石。

所谓交易对深度，指的是在特定价格区间内可交易的资产数量，它直接决定了大额交易对市场价格的冲击程度——深度越充足，大额订单引发的滑点就越小，用户的交易成本也就越低。稳定币因其价格锚定法币的特性，天然成为构建高深度交易对的核心标的。

稳定币交易对的深度不足，往往成为制约 DEX 发展的瓶颈。在早期 DeFi 生态中，由于流动性分散、做市机制不完善，主流稳定币与其他加密资产的交易对常出现小额交易顺畅、大额交易卡顿的现象。这不仅给用户带来了不良体验，也限制了 DeFi 市场的发展。

影响 DEX 稳定币交易对深度的核心因素可归结为以下三点，如图 6-1 所示。

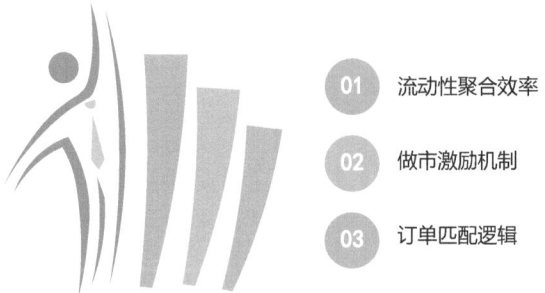

图 6-1　影响 DEX 稳定币交易对深度的核心因素

1. 流动性聚合效率

在流动性聚合层面，早期 DEX 多依赖单一流动性池模式，稳定币交易对的流动性被分割在不同平台，难以形成规模效应。为解决这一问题，新一代 DEX 开始采用跨池聚合技术，通过智能合约自动扫描多个流动性池的订单信息，将分散的稳定币流动性整合为统一的交易深度。这有效提升了主流交易对的可交易深度，降低了大额交易的滑点风险。

2. 做市激励机制

做市商是稳定币交易对深度的直接提供者，而激励机制的设计则决定了做市商的参与意愿。在 AMM 模式主导的 DEX 中，稳定币交易对的深度依赖于用户存入流动性池的资产规模，而做市收益由交易手续费与平台奖励共同构成。为吸引更多稳定币流入流动性池，头部 DEX 普遍采用"手续费分成+治理代币补贴"的双重激励策略。

例如，Curve 作为专注于稳定币交易的 DEX，其流动性池通过将大部分交易手续费分配给做市商，并额外发放 CRV 代币作为奖励，使该流动性池的稳定币总锁仓量长期处于较高水平，能够支撑单笔百万美元级的交易。这种"高收益+低风险"的组合，精准击中了稳定币持有者既希望规避加密资产的价格波动，又渴望获得更多收益的需求。

3. 订单匹配逻辑

订单匹配逻辑的优化则是从技术层面对深度进行隐性扩容。DEX 的订单匹配需通过智能合约在链上完成，这导致交易速度与成本受到区块链性能的制约。为在去中心化框架下提升大额订单的匹配效率，部分 DEX 引入了分层订单簿机制：将稳定币交易对的订单分为即时成交区与挂单深度区，前者聚合当前可直接成交的流动性，后者则显示不同价格档位的挂单量。当用户提交大额订单时，系统会自动拆分订单至多个价格档位，并优先匹配深度充足的区域，以最小化滑点。

未来，随着 DeFi 与传统金融的融合加速，稳定币交易对的深度优化将向精细化与场景化演进。一方面，DEX 可能针对机构用户推出定制化深度服务，通过智能合约锁定大额稳定币流动性，为大额交易提供固定滑点保障；另一方面，与现实世界资产的结合将拓展稳定币交易对的边界。无论形式如何演变，稳定币交易对的深度优化始终围绕一个核心：在去中心化的信任框架下，让金融交易的效率与公平性达到新的平衡，这正是 DeFi 革命的深层意义所在。

6.1.2 跨链桥稳定币流动性解决方案

跨链桥作为连接不同区块链网络的关键基础设施，其核心功能是实现资产在异构链之间的无缝转移。在 DeFi 生态中，用户常常需要在以太坊、Polygon 等不同公链间转移资产，稳定币因其价格稳定的特性，成为跨链交易的重要媒介。

然而，早期跨链桥普遍存在链间流动性失衡的问题。当大量用户从链 A 跨链至链 B 时，链 B 的稳定币储备可能迅速耗尽，导致交易滑点骤增甚至失败，这一痛点严重制约了 DeFi 生态的跨链协同发展。因此，构建高效的稳定币流动性解决方案，成为跨链桥突破发展瓶颈的核心。

（1）储备金池模式

当前，跨链桥稳定币流动性管理主要存在两种主流模式，凭借不同的机制实现流动性的动态平衡。

储备金池模式是一种被广泛应用的方案，其核心逻辑是在每条支持的公链上设立独立的稳定币储备金池，通过智能合约实现跨链资产的 1∶1 映射。

例如，用户将以太坊上的 USDC 跨链至 Polygon 时，跨链桥会冻结以太坊储备金池中的 USDC，并在 Polygon 储备金池中释放等量的映射资产，反之则冻结 Polygon 池资产并解锁以太坊池资产。这种模式的优势在于交易确认速度快，但需要维持各储备金池的资产平衡。当某条链的稳定币持续净流出导致储备不足时，跨链桥需通过手动或自动的再平衡机制补充流动性，如从其他链的超额储备金池中转移资产，或临时引入做市商注入资金。

（2）算法驱动模式

更具创新性的算法驱动模式则试图通过经济激励机制解决流动性分配问题，其核心是利用流动性挖矿奖励引导用户自发平衡各链的稳定币储备。流动性挖矿是指在 DeFi 平台中，用户通过提供流动性（即将资金存入流动性池）来获得平台奖励（通常是代币或手续费分成）的过程。这种奖励通常是以平台的治理代币或其他代币的形式发放。以跨链协议 Synapse Protocol 为例，其通过发行治理代币 SYN，对在不同链上提供稳定币流动性的用户给予奖励，且奖励比例会根据各链的流动性供需情况动态调整。

当以太坊链上的 USDT 储备低于阈值时，系统会自动提高该链 USDT 流动性挖矿的 SYN 奖励收益率，吸引用户从储备充足的链转移 USDT 至以太坊，从而通过市场力量实现流动性的自我调节。

这种模式大幅提升了资本效率，无须预留大量冗余储备金，但对激励机制的设计要求极高，如果代币奖励的价值不足以覆盖用户的跨链成本与风险，流动性提供者可能选择撤离，导致调节机制失效。因此，许多跨链桥采用"储备金池+算法"的混合模式，既保留基础储备以保障交易即时性，又通过动态奖励调节长期流动性分布，使主流稳定币的跨链滑点控制在 0.1% 以内，较单一模式效果更好。

随着多链生态的持续发展，跨链桥稳定币流动性解决方案朝着模块化与互操作性方向演进。模块化设计允许跨链桥根据不同公链的性能特点定制流动性策略，例如，在拥堵链上采用批量交易压缩技术降低区块链运行指令需要的手续费消耗，在高性能链上则优化实时结算机制以提升交易效率。而互操作性的提升则体现在跨链协议之间的协同。不同的跨链协议实现稳定币流动性池的共享后，用户可在单一界面完成跨多条链的稳定币转移，无须在不同跨链桥之间重复操作。

这些创新不仅提升了稳定币在跨链生态中的流转效率，更推动 DeFi 从单链孤岛走向多链协同。

6.2 收益策略设计

收益策略是 DeFi 生态吸引用户的核心引擎，而稳定币凭借价格稳定性，成为各类收益策略的基石。从借贷市场的利息差套利，到流动性挖矿的复合收益，稳定币为风险偏好各异的用户提供了多元化的收益路径。

6.2.1 Aave 收益策略分析

Aave 是全球最大的 DeFi 借贷协议。用户可以将自己的加密货币资产存入协议提供的流动性池中赚取利息（作为存款人/流动性提供者），其他用户则可以从这些池中借出资产，并支付利息。截至 2025 年 7 月，Aave 的净存款规模已经突破 490 亿美元，链上总锁定价值在全球 DeFi 市场中占比达 21%，在借贷市场的占比达 51%。可以说，Aave 在去中心化借贷领域占据半壁江山，拥有数百万活跃用户和强大流动性。

近年来，Aave 平台上稳定币借贷占比呈现出明显的上升趋势。无论是存款端还是借款端，稳定币的参与度都在持续提升。这得益于平台上创新并可持续的收益策略设计。Aave 通过流动性挖矿和治理代币（Aave 代币）奖励吸引了大量用户提供稳定币流动性。平台根据流动性池的使用情况发放 Aave 代币，用户通过参与稳定币的借贷活动获得代币奖励，并且可以进一步在平台上参与治理。这种激励机制使得 Aave 平台在稳定币借贷市场中具有竞争优势，吸引了更多的资本和借款需求。

Aave V4 版本通过构建一个统一的、共享的底层流动性池，采用高度模块化的设计，使得添加任何类型的新借贷功能或资产支持变得极其简单和快速。该版本支持跨链借贷功能，让用户能够在一条链上存款并在另一条链上借款。这极大地提升了协议的资本效率、创新速度、可扩展性和用户体验，是 Aave 巩固其 DeFi 借贷龙头地位的关键技术升级。

借助庞大用户群体，Aave 发行了稳定币 GHO。该稳定币自推出以来市场表现良好，市值稳步增长。Aave V4 中引入了柔性清算机制，通过借贷清算自动化做市商精简清算流程，同时还允许用户以该稳定币形式收取利息，扩大了其供应量。这些改进措施使得 GHO 在 Aave 平台的借贷活动更加活跃，进一步提升了 Aave 在稳定币借贷市场的吸引力与占比。

Aave 稳定币借贷占比的变化反映出市场对其平台的认可，以及平台自身创新发展对市场格局的重塑。随着 DeFi 市场的持续演进，Aave 有望凭借其在安全性、创新性等方面的优势，在稳定币借贷领域发挥更为关键的作用，为投资者提供更多元化、更高效的收益策略选择。

6.2.2 收益聚合器策略：杠杆化挖矿收益优化

在 DeFi 的收益生态中，单个流动性挖矿池的收益往往分散且不稳定，用户需要耗费大量精力追踪市场动态、切换挖矿场景，这一痛点促成了收益聚合器的诞生。收益聚合器本质上是一种自动化资金管理工具，它通过智能合约整合多个协议的流动性挖矿机会，为用户提供一站式收益优化服务，而稳定币因其价格锚定特性，成为聚合策略中风险控制的核心载体。

收益聚合器的核心逻辑在于自动化降低了用户操作门槛并提高了资金收益率。当用户将稳定币存入聚合器后，智能合约会自动完成一系列优化操作。

首先，通过算法评估各协议的年化收益率、滑点成本和无常损失风险，筛选出最优挖矿组合；然后，将资金拆分并分配至 Aave、Compound 等借贷协议，或 Uniswap、Sushiswap 等交易平台的流动性池。在挖矿过程中，系统会实时监控市场变化，当某一场景收益下降时，自动将资金迁移至更高收益的场景。

这种自动化流程不仅降低了用户的操作门槛，还通过规模效应摊薄了交易成本，使中小资金也能享受机构级的收益策略。

目前主流的收益聚合器策略可分为三类，如图 6-2 所示。

图 6-2　主流的收益聚合器策略

1）单币质押增强。用户存入 USDT、USDC 等稳定币后，聚合器将其质押至借贷协议获取基础利息，同时将生成的质押凭证再次质押至其他协议获取二次收益，形成利滚利效应。

2）流动性池组合。通过将稳定币与其他加密资产按比例配对，投入交易平台的流动性池赚取手续费分成，同时叠加平台代币奖励。

3）跨链收益捕获。利用多链桥接技术将稳定币分配至以太坊、BSC、Avalanche 等不同公链的高收益池，对冲单一网络的拥堵风险。

收益聚合器为稳定币持有者带来的增效体现在三个维度：收益层面，通过跨协议套利，收益聚合器的收益通常比单一挖矿池更高；风险层面，收益聚合器通过智能合约自动对冲无常损失，当稳定币与其他资产的交易对价格波动超过阈值时，系统会触发平仓机制，将资产兑换为稳定币以锁定收益；操作层面，用户无须理解复杂的挖矿规则，仅需一次授权即可享受全流程自动化管理，大幅降低了 DeFi 的参与门槛。

总体而言，收益聚合器通过稳定币的风险锚定作用，将碎片化的流动性挖矿机会转化为系统化的收益解决方案，既提升了资金使用效率，又降低了普通用户的参与门槛，成为 DeFi 收益生态中连接用户与复杂金融工具的关键枢纽。随着跨链技术和策略算法的不断优化，收益聚合器有望进一步释放稳定币的资本潜力，推动 DeFi 向可持续收益生态演进。

6.2.3 市场环境策略切换逻辑（牛市/熊市参数调整）

笔者无意给出投资建议，以下仅介绍一些行业参与者的收益策略逻辑作为参考。加密货币市场风险高、波动大，请读者确保自己深入了解并掌握加密货币知识，再结合自身实际情况做出行动。

市场周期的更迭是 DeFi 收益策略设计的核心变量，而稳定币作为跨周期的价值载体，其策略参数的动态调整决定了资金在牛熊转换中的生存能力与收益空间。这种调整并非简单的收益目标切换，而是一套基于市场情绪、资产波动与资金流向的系统性适配逻辑。

在牛市环境中，市场的核心特征表现为风险偏好上升、加密资产价格普涨、资金涌入新协议。此时稳定币收益策略的参数调整需围绕收益扩张展开。

首先是风险敞口的适度放开。原本仅配置于借贷协议的稳定币，可将部分资金转向高波动资产对的流动性池，通过扩大交易对的波动容忍阈值，捕获因交易量激增带来的手续费分成。

其次是缩短资金再平衡周期。由于牛市中新协议的年化收益率可能在短期内翻倍，策略需提高动态调整频率，以快速捕捉新兴挖矿机会。

最后是杠杆率的阶梯式提升，在抵押率安全范围内，通过质押稳定币借出主流加密资产再投入挖矿，利用资产价格上涨放大收入乘数，但需设置严格的平仓触发线，避免单边行情中的流动性危机。

当市场转入熊市，策略逻辑需从进攻转向防御，稳定币的避险属性成为参数调整的核心锚点。

首要变化是流动性池的集中度提升，将分散于多协议的稳定币逐步归集至头部借贷平台和去中心化交易所，通过收缩合作协议范围降低智能合约风险敞口。还要进行收益目标的重置，放弃对高年化收益率的追逐，转而将年化收益预期下调至市场平均水平以下，优先选择以稳定币为本位的挖矿池，避免因资产价格下跌导致的本金侵蚀。在流动性管理上，需提高资金的即时可提取比例，缩短锁仓周期，同时降低杠杆操作的使用频率，甚至阶段性取消杠杆策略，以便更从容地应对市场流动性收缩。

牛熊转换期的参数调整更考验策略的灵活性，此时市场往往伴随剧烈波动和情绪反复，稳定币策略需要设置模糊区间以应对这种不确定性。例如，一些市场参与者在市场波动率指数突破历史分位数的 80% 时，自动启动中性策略，将 50% 的稳定币配置于固定收益类产品，30% 用于低波动交易对的流动性提供，20% 作为储备金应对突发赎回。这能够在极端波动中平衡收益与风险，为资金筑起兼具弹性与安全性的缓冲带。

这种跨周期的参数调整本质上是稳定币在风险与收益之间的动态再平衡。

牛市中的激进策略通过放大波动收益验证了稳定币的资本增效能力，而熊市中的保守配置则凸显了其价值锚定的底层优势。收益策略的切换并非机械的规则变更，而是通过持续追踪市场情绪指标、协议资金流入流出数据和资产相关性变化，让稳定币在不同周期中始终处于最优配置状态，这正是 DeFi 收益生态在牛熊更迭中保持韧性的关键所在。

6.3 金融工具创新

稳定币凭借价格稳定性为 DeFi 金融工具创新提供了安全试验场。从无须抵押的闪电贷到合成资产衍生品，稳定币作为价值度量衡和结算媒介，推动传统金融工具的去中心化重构。这些创新不仅拓展了 DeFi 的应用边界，也重新定义了金融交易的效率与公平性。

6.3.1 闪电贷中的稳定币套利

闪电贷作为 DeFi 领域革命性的金融工具，打破了传统金融中无抵押不借贷的桎梏。它允许用户在同一笔区块链交易内完成借款、操作、还款的全流程，无须任何提前抵押。而稳定币凭借其价格锚定的特性，成为闪电贷套利中的核心元素，为这种瞬时交易提供了风险可控的操作载体。

在闪电贷的机制设计中，借款与还款必须在同一区块内完成，任何环节的失败都会导致整个交易回滚，资金自动返还给贷方。这种特性对交易标的的价格稳定性提出了极高要求，如果使用价格波动剧烈的加密资产作为借贷标的，可能在操作过程中因价格突变导致还款金额不足，直接导致交易失败。稳定币恰好解决了这一痛点，其与法定货币的锚定关系确保了在闪电贷的毫秒级操作周期内，标的价值不会发生显著波动，为套利策略的执行提供了刚性的价值度量基准。

稳定币在闪电贷套利中主要承担两种角色：套利媒介与风险对冲工具。

1) 作为套利媒介时，用户通过闪电贷借入稳定币，在不同交易平台的稳定币交易对中捕捉价差机会。当 A 平台的稳定币与某资产兑换比例高于 B 平台一定阈值时，智能合约可自动完成"借入稳定币-在 A 平台卖出稳定币买入资产-在 B 平台卖出资产换回稳定币-归还借款与手续费"的闭环操作，整个过程无须承担加密资产价格波动风险，仅赚取纯粹的市场套利收益。

2）作为风险对冲工具时，稳定币被用于平衡跨币种套利中的汇率风险。在跨平台套利中，通过借入稳定币作为中间结算层，避免两种资产同时波动导致的结算偏差。

闪电贷的无抵押特性可能放大市场风险，但稳定币的引入构建了天然的风险缓冲机制。由于稳定币的短期价格波动通常控制在 0.1% 以内，即使套利策略因市场剧烈变化失败，智能合约的自动回滚机制也能确保贷方资金不受损失，避免了传统金融中坏账传导的链式风险。这种风险隔离能力让闪电贷从理论上的高风险工具转变为实践中的可控套利通道，吸引了大量风险厌恶型用户参与。

稳定币驱动的闪电贷套利还在无形中发挥着市场纠偏作用。当不同交易平台的稳定币交易对出现显著价差时，套利者的批量操作会快速将偏离的汇率拉回合理区间，提升整个 DeFi 生态的价格一致性。这种去中心化的自动做市功能，无须依赖中心化机构的干预，仅通过市场参与者的逐利行为即可实现，而稳定币正是这种自发市场调节机制的核心。

值得注意的是，闪电贷套利并非零风险游戏，其收益高度依赖智能合约的安全性与对市场时机的把握，但稳定币的存在降低了这种策略的参与门槛。用户无须拥有巨额本金，也无须承担加密资产价格波动的敞口风险，即可参与金融交易。这种普惠性的金融工具创新不仅重新定义了套利交易的形态，也让普通用户得以触及高频交易策略，推动 DeFi 向更高效、更公平的方向演进。

6.3.2 衍生品协议抵押品应用

衍生品协议是 DeFi 生态向复杂化、专业化演进的关键标志，而抵押品作为衍生品交易的信用基石，其选择直接决定了协议的风险边界与市场接纳度。稳定币凭借价格锚定的特性，正在逐步替代传统加密资产，成为衍生品协议中的主流抵押品类型，为期权、期货、永续合约等金融工具的去中心化落地提供了稳定的信用支撑。

在传统金融衍生品市场中，抵押品的价值稳定性是防范交易对手风险的核心要素。这一逻辑在 DeFi 衍生品协议中同样适用，甚至因区块链的不可逆性而要求更高——如果抵押品价格在短时间内大幅下跌，可能导致平仓时抵押资产不足以覆盖债务，形成坏账并传导至整个协议。稳定币的介入缓解了这一担忧，其与法定货币的锚定确保了抵押品价值在衍生品合约存续期内不会发生剧烈波动，使协议能够精准计算抵押率、平仓线等关键参数，为多空双方构建公平的博弈环境。

稳定币作为抵押品显著提升了衍生品协议的风险控制效率。由于其价格波动极小，协议可将抵押率维持在相对较低的安全区间，既降低了用户的资金占用成本，又能通过智能合约实时监控抵押品价值，在市场波动时快速响应。相比之下，以其他加密资产作为抵押品，为覆盖价格波动风险，抵押率往往更高，大幅提升了用户的参与门槛。

稳定币的标准化特性加速了衍生品协议的跨平台协作。不同协议对稳定币抵押品的认可度高度一致，用户可将同一笔稳定币抵押资产在多个衍生品平台间灵活调配，参与期权、期货等多种交易，形成跨市场的风险对冲组合。这种标准化协作不仅提升了资金使用效率，也推动了 DeFi 衍生品市场的整体流动性提升，使复杂的组合交易策略得以落地。

不同类型的衍生品协议对稳定币抵押品的应用呈现出差异化特征。在一部分期权协议中，稳定币通常作为买方支付权利金的结算工具和卖方的履约保证金。当用户买入主流加密货币资产看涨期权时，需用稳定币支付权利金，而卖方则需质押高于行权价的稳定币作为履约担保，确保在期权行权时能按约定价格交付对应加密资产，避免因该资产价格暴涨导致的履约能力不足。

加密货币市场中诞生出一种新型衍生品永续合约。这是一种不设到期日的衍生品合约。与传统的期货合约不同，永续合约没有固定的交割日期。交易者可以无限期持有合约，直到选择平仓。买卖双方每 8 小时根据合约与现货价格差异结算一次资金费率。

在期货与永续合约协议中，稳定币的作用更为关键：用户存入稳定币作为初始保证金，协议根据合约价值实时计算维持保证金比例，当市场行情不利导致保证金低于阈值时，自动触发平仓并以稳定币结算盈亏，整个过程无须担心因计价单位波动导致的保证金计算偏差。

稳定币作为抵押品还推动了衍生品协议的普惠性升级。传统金融衍生品往往对参与者的资金规模有较高要求，而稳定币的小额可分割性让普通用户也能以小额资金参与衍生品交易。更重要的是，稳定币抵押消除了跨币种兑换的摩擦成本，用户无须将法定货币兑换为加密资产即可直接参与，降低了法定货币入金到衍生品交易的转化门槛，使全球范围内的小额资金都能平等享受金融衍生品的风险管理功能。

稳定币通过解决抵押品价值不稳定的痛点，为 DeFi 衍生品协议搭建了可靠的信用框架。它不仅降低了衍生品交易的风险门槛，还通过标准化的价值度量单位，促进了不同衍生品协议间的互操作性，为构建复杂的金融衍生品生态系统奠定了基础。随着合规稳定币的不断涌现和跨链技术的成熟，稳定币在衍生品抵押品领域的应用将进一步深化，助力 DeFi 构建从简单现货交易到多层次金融衍生品市场的完善生态体系。

第 7 章 现实世界支付桥梁

在全球范围内转账时,传统金融系统的烦琐流程、高昂费用与漫长等待,早已成为共识性痛点。而稳定币的出现,正悄然改变这一切。它以区块链为骨架,以稳定价值为内核,架起了连接加密货币与现实世界支付场景的桥梁。从跨境贸易结算到日常小额支付,稳定币正用技术穿透力打破地域与机构的壁垒,重新定义价值流转的效率与边界。这是一场如同马车向汽车、算盘向计算机的转变。

7.1 全球经济应用

稳定币在全球经济的真实场景中持续落地。从通胀高企的国家成为民众财富"避风港",到公益领域让每一笔捐赠可追溯,它正以灵活形态融入经济肌理,从而创造市场增量,解锁新的市场空间,并大幅降低成本,提高社会运行效率。

7.1.1 阿根廷稳定币美元化调查报告

在全球经济格局中,阿根廷的经济态势一直备受瞩目。长期以来,阿根廷饱受经济问题的困扰,通胀率很高,本币比索持续贬值,使得民众的财富不断缩水,经济生活面临诸多不确定性。在这样严峻的经济形势下,稳定币悄然兴起，逐渐在阿根廷的经济舞台上崭露头角。

稳定币作为与法定货币或其他资产挂钩、旨在保持价值相对稳定的加密货币，为阿根廷民众提供了一种全新的财富管理选择。以 USDT 为例，它作为一种市值颇高且力求与美元维持 1∶1 锚定的稳定币，在阿根廷广受欢迎。许多阿根廷人买入 USDT 并长期持有，期望借此抵御比索贬值带来的冲击，保障自身资产的安全。

阿根廷民众对稳定币的接纳并非偶然。传统的货币保值方式，如通过黑市机构将比索兑换成美元，存在诸多弊端。黑市交易不仅汇率波动大，官方汇率与黑市汇率差异悬殊，导致民众在兑换过程中可能遭受经济损失。同时，民众面临被交易对手抢劫或收到假币的威胁，交易风险极高。相比之下，稳定币借助加密货币交易所进行交易，具有一定的便捷性，且在价值稳定性上表现相对出色，吸引了众多阿根廷人的目光。

从市场数据来看，阿根廷在全球加密货币领域的参与度极高。《福布斯》(Forbes) 与分析公司 SimilarWeb 的一项研究显示，在全球 55 家最大加密货币交易所的 1.3 亿访客中，有 250 万来自阿根廷。这直观地反映出阿根廷稳定币市场的活跃程度。

然而，稳定币在阿根廷的发展并非一帆风顺。尽管稳定币看似为阿根廷打破通胀困境提供了一条出路，但也存在一系列风险。阿根廷国内尚未出台针对加密货币行业的完善法规，市场缺乏有效的监管，这使得投资者的权益难以得到充分保障。一些在全球范围内被广泛认可的加密货币交易所，因内部控制不佳、缺乏国内监管等，在阿根廷的运营存在诸多隐患。

此外，阿根廷国内对于美元化持开放态度，在一定程度上推动了与美元挂钩的稳定币的发展。但在实际操作中，买家面对如何安全购买、持有和使用稳定币的难题，限制了稳定币在阿根廷进一步广泛、健康地发展。

总体而言，稳定币在阿根廷的经济发展中扮演着日益重要的角色，为民众提供了一种应对经济不稳定的新途径。然而，要实现稳定币的可持续发展，阿根廷还需在监管层面发力，完善相关法规，为投资者营造一个安全、规范的市场环境。只有这样，稳定币才能在阿根廷发挥更大的经济价值，助力阿根廷经济走出困境，实现稳定增长。

7.1.2 慈善捐赠链上透明化实践

在慈善事业发展进程中，捐赠资金的流向与使用效益始终牵动着社会各界的神经。在传统的慈善捐赠模式下，资金从捐赠者到受助者手中，往往要经过多个中间环节，每一层转接都可能让信息传递出现偏差，甚至出现信息断层。

捐赠者很难清晰知晓自己的善款最终用在了何处，是否真正帮助到需要帮助的人。而受助者也难以了解捐赠的来源与整体规模，整个过程仿佛被蒙上了一层迷雾。

稳定币与区块链技术相结合，慈善捐赠便有了一条清晰可见的数字轨迹。每一笔以稳定币进行的捐赠，都会被记录在区块链上，形成不可篡改的交易记录。这些记录如同一个个透明的标签，跟随资金的每一次流动，无论经过多少环节，都能被完整追溯。

对于捐赠者而言，这种透明化带来了前所未有的参与感。他们可以通过区块链浏览器，随时查看自己捐赠的稳定币的去向。从捐赠发出的那一刻起，到资金进入慈善机构的账户，再到被分配给具体的受助项目，每一步操作都清晰可查。这种可视化的过程，让捐赠不再是一捐了之的模糊行为，而是能切实感受到自己的善意如何一步步转化为实际帮助，从而增强对慈善事业的信任与持续参与的意愿。

慈善机构在这一模式下面临新的转变。以往，机构需要花费大量精力用于资金管理和信息公示，且公示内容往往局限于阶段性的财务报告，细节程度有限。而采用稳定币进行捐赠管理后，区块链的自动记录功能减少了人工操作的误差与成本，同时迫使机构的每一笔支出都必须规范、透明。因为任何不规范的操作都会被永久记录在链上，接受公众的审视，这在无形中推动着慈善机构提升自身的管理水平与公信力。

受助者同样能从透明化的捐赠流程中受益。在一些偏远地区或紧急救援场景中，传统捐赠物资或资金的发放可能存在延迟或分配不均的问题。而基于稳定币的捐赠，资金到账速度更快，且分配过程全程可追溯。受助者可以清楚地知道自己受到的帮助来自哪些捐赠者，资金的总额、用途与协议中约定的是否匹配，这不仅保障了他们的权益，也让善意的传递更加直接、温暖。

值得注意的是，稳定币在慈善捐赠中的应用并非一帆风顺。技术门槛是需要跨越的第一道障碍，部分慈善机构和受助群体可能对区块链技术和稳定币的使用不够熟悉，需要一定的时间去学习和适应。此外，链上信息的公开性虽然保障了透明，但也需要在隐私保护方面找到平衡，避免受助者因个人信息过度公开而受到侵扰。

尽管存在挑战，稳定币与区块链技术在慈善捐赠领域的融合无疑为行业带来了新的活力。它通过技术手段重塑了捐赠流程中的信任机制，让每一份善意都能被精准追踪、高效传递，最终推动慈善事业朝着更透明、更高效、更具公信力的方向发展。这种实践不仅是技术对传统行业的赋能，更是人性善意在数字时代的一种全新表达方式。

7.2 跨境支付应用

跨境支付长期面临流程复杂、耗时冗长、成本高昂等痛点。稳定币的出现，正以技术革新之势打破这一僵局。它跳过传统清算层级，凭借价值锚定以及区块链的即时性，重塑跨境资金流动的效率与成本逻辑。

7.2.1 跨境汇款成本对比：USDC vs SWIFT

在全球化经济活动中，跨境汇款是连接不同国家和地区资金流动的重要纽带，而成本始终是个人与企业选择汇款方式时的核心考量因素。传统的 SWIFT 系统与新兴的 USDC 稳定币，代表了两种截然不同的跨境资金转移逻辑，其成本结构的差异也折射出金融技术迭代的深层变革。

SWIFT 系统作为全球银行间主流的跨境清算网络，其成本结构呈现出显著的复杂性与多样性。在跨境汇款流程中，一笔资金从汇出到最终到账，需要依次经过汇款行、中间行、接收行等多个机构的处理。每个参与机构均会根据交易金额或既定标准收取手续费，涵盖电汇费、中转费、接收费等多个类目。

由于不同银行间缺乏统一的收费标准，叠加后的总费用对于小额汇款而言负担尤为沉重。此外，SWIFT 系统依赖工作日的银行营业时间进行清算，资金在途时间通常为 1~5 个工作日。在此期间，资金的机会成本以及汇率波动风险带来的潜在损失，构成了不容忽视的隐性成本。

相较于传统跨境汇款方式，USDC 依托区块链技术的去中心化架构，展现出显著的成本优势。作为锚定美元的稳定币，USDC 的跨境资金转移本质上是区块链地址间的直接转账，完全跳脱出传统银行清算网络的限制。

在理想状态下，只要收发双方的数字钱包协议兼容，交易确认耗时仅需数分钟甚至数秒。手续费的高低则主要取决于区块链网络的实时拥堵情况，费用普遍大幅低于传统银行电汇费率。尤其在小额跨境汇款场景中，这种成本差异更为突出。传统银行往往收取动辄数十美元的固定手续费，而 USDC 的转账费用通常为几美元，有时甚至不到 1 美分。

在汇率成本维度，SWIFT 体系下的跨境汇款往往需经历多轮货币兑换。每一次兑换过程，银行都会设置汇率点差以覆盖服务成本，这些分散的点差经多次累积，最终可能占据总费用的较大比例。

相较而言，USDC 作为锚定美元的稳定币，能以数字化形式直接完成跨境资金转移。若接收方需将其兑换为当地法定货币，可通过加密货币交易所获取更为贴近市场实时汇率的报价，有效规避了传统体系下中间环节产生的汇率损耗。

值得注意的是，USDC 的成本优势并非没有边界。对于习惯传统金融服务的用户而言，使用 USDC 需要掌握数字钱包的操作方法，了解区块链地址的安全性常识，这部分学习成本可能成为其普及的障碍。此外，当区块链网络出现极端拥堵时，USDC 的转账手续费可能短暂飙升，尽管这种情况出现的概率远低于传统系统的周期性清算延迟的概率。

两种模式的成本差异，本质上是金融基础设施代际差的体现。SWIFT 系统诞生于纸质票据时代，其设计逻辑需兼容全球各地银行的异构系统，复杂的流程是为了保障金融体系的稳定性。而 USDC 依托的区块链技术，从底层重构了价值传递的路径，通过代码规则替代了部分人工审核环节，从而压缩了成本空间。

对于用户而言，选择 SWIFT 还是 USDC，不仅是对成本的权衡，更是对效率、便捷性与风险偏好的综合考量。但不可否认的是，USDC 所代表的低成本跨境转移模式，正在为全球资金流动提供一种新的可能性，尤其为那些传统金融服务覆盖不足的群体，打开了更经济的跨境支付通道，创造了之前不曾存在的市场空间和增量。

这种技术驱动的成本优化，也在倒逼传统金融机构加速升级清算系统，最终推动整个跨境支付市场向更高效、更低成本的方向演进。

7.2.2　PayPal PYUSD 商户接入案例

在跨境支付领域，稳定币的技术特性正逐步转化为实际商业价值，PayPal 推出的 PYUSD（PayPal USD）便是典型代表。作为与美元 1∶1 锚定的稳定币，其商户接入方案通过整合区块链技术与现有支付网络，为跨境交易场景提供了更高效的解决方案，在提升资金周转效率、降低结算成本等方面展现出显著优势。

在接入 PYUSD 前，跨境商户面临多重支付挑战。例如，一家主营电子产品出口的跨境电商企业接收北美客户付款时，需经过发卡行、收单行、国际卡组织、本地清算机构等多个中间环节，每一层级都会产生手续费，最终综合成本可能达到交易金额的 3%~5%。

更关键的是，资金到账通常需要 3~5 个工作日，且汇率波动可能导致实际到账金额与预期存在偏差，财务团队需额外投入人力进行对账核算，进一步增加运营成本。此外，部分中小商户因缺乏国际支付资质，还需依赖第三方代理机构，不仅拉长了结算链条，也提升了资金风险。

PYUSD 的接入方案则从技术层面解决这些痛点。商户无须建设独立的区块链基础设施，只需通过 PayPal 商户后台完成简单配置，即可开通 PYUSD 收款功能。

具体流程包括：在商户管理系统中启用稳定币支付选项，完成账户地址绑定与合规信息核验，接入 PayPal 提供的 API 以实现交易信息实时同步。整个过程最快可在 24 小时内完成，且无须额外购置硬件设备，大幅降低了技术门槛。

接入后，跨境交易流程发生显著改变。当北美客户选择 PYUSD 支付时，资金通过区块链网络直接从客户钱包转移至商户的 PYUSD 收款地址，整个过程仅需数分钟，且交易记录实时上链，不可篡改。对于商户而言，这一变化带来了两个核心价值：

一是资金到账效率的飞跃。原本需要数天的结算周期被压缩至分钟级，加速了资金周转速度。例如，上述电子产品出口企业在接入 PYUSD 后，可当天将收到的 PYUSD 兑换为本地货币，用于采购原材料或支付供应商款项，资金使用效率提升。

二是成本结构的优化。由于跳过了传统清算层级，单笔交易手续费可降低至 1% 以下，且汇率锚定美元的特性避免了中间环节的汇损，使商户能够更精准地控制成本。

在实际运营中，PYUSD 的接入还带来了操作层面的便利。商户后台会自动生成包含交易哈希、金额、时间戳的明细报表，与区块链浏览器上的记录实时对应，财务人员无须再手动核对多系统数据，对账效率显著提升。

同时，PYUSD 支持 7×24 小时不间断交易，解决了传统银行节假日结算延迟的问题，尤其适合跨境电商的大促场景。例如，在"黑色星期五"等购物高峰期，商户可实时处理全球订单付款，避免因支付延迟导致的订单流失。

对于有多层级交易需求的商户，PYUSD 的灵活性进一步凸显。例如，一家跨境贸易公司在收到欧洲客户的 PYUSD 付款后，可直接使用该笔资金向东南亚供应商支付货款，无须经过多币种兑换环节，既节省了兑换成本，又缩短了支付周期。这种"支付-收款-再支付"的闭环模式，正在重塑跨境供应链的资金流动逻辑。

从生态协同角度看，PYUSD 与 PayPal 现有支付网络的融合，让商户能够无缝对接全球用户群体。目前，支持 PYUSD 支付的场景已覆盖电商购物、订阅服务、数字产品销售等多个领域，商户接入后可自动触达习惯使用稳定币支付的消费群体，进一步拓展了市场空间。随着接入商户数量的增加，PYUSD 的跨境支付网络正形成规模效应，未来有望在物流、保险等跨境服务领域延伸应用，为商户提供更全面的资金解决方案。

总体而言，PayPal PYUSD 的商户接入方案，本质上是通过稳定币的技术特性对跨境支付流程进行去中介化重构。它既保留了传统支付网络的易用性，又发挥了区块链的高效与透明优势，为商户提供了低成本、高效率的跨境资金通道。

这种模式不仅解决了当下跨境交易的实际痛点，也为未来更复杂的全球贸易结算场景提供了可复制的技术范本。

7.3 系统集成应用

稳定币融入现实支付生态的关键在于系统集成。通过技术适配，稳定币可与银行核心系统、支付网关等实现无缝对接，既能保留传统金融体系的稳定性，又能发挥区块链的高效优势，在合规框架下成为跨支付系统的数据与资金桥梁。

7.3.1 工资支付系统集成方案

在全球化用工趋势下，企业薪资发放面临跨国界、多币种、高时效的多重需求，稳定币与工资支付系统的集成，为解决这些痛点提供了创新性方案。这种集成并非对现有薪资体系的颠覆，而是通过技术适配实现高效补充，既保留了传统薪酬管理系统的流程严谨性，又注入了区块链支付的灵活特性。

从系统架构来看，稳定币工资支付方案需构建三层核心模块：

1）底层为区块链接口层，负责将稳定币的转账功能通过 API 嵌入企业现有薪资系统，支持自动生成支付地址、实时查询转账状态、批量处理支付指令等功能。

2）中间层是汇率与合规校验层，当企业向海外员工发放稳定币时，系统会自动根据当日汇率计算对应薪资数额，并完成反洗钱筛查、受益人身份验证等基础合规流程。

3）顶层则是员工端的接收与兑换层，员工可通过企业提供的数字钱包 App 接收稳定币，也可直接选择自动兑换为当地货币转入绑定的银行账户。

对跨国企业而言，集成方案的核心价值体现在流程简化上。传统海外发薪需经过薪资计算、银行审批、跨境清算、当地兑换等多个环节，往往存在 3~7 天的到账延迟，且每笔交易需支付 1%~3% 的跨境手续费。

而在稳定币支付模式下，企业在薪资系统中完成审批后，可一键发起稳定币批量转账，资金在区块链网络中几分钟内即可到达全球各地员工的钱包地址。若员工选择兑换为当地货币，合作交易所或支付机构会提供实时兑换服务，整体流程可压缩至 24 小时内，手续费仅为传统方式的 1/5~1/3。

系统集成还需解决员工体验的差异化需求。不同地区的员工对薪资形式有不同偏好：部分员工希望保留稳定币作为资产配置，系统需支持钱包余额查询、转账记录导出等功能；部分员工习惯接收法定货币，系统则需提供一键兑换、到账提醒等便捷操作。为此，集成方案通常会设计模块化的员工后台，允许自定义接收方式、设置自动兑换阈值、生成税务申报所需的交易明细报表，兼顾灵活性与合规性。

在安全性层面，方案通过多重机制保障资金与数据安全。区块链的不可篡改性确保每笔薪资支付都有可追溯的交易记录，系统会自动对转账地址与员工身份信息进行二次校验，避免因操作失误导致的资金错付。

数字钱包采用多重签名技术，员工需通过手机验证码、指纹识别等多因素认证才能完成提现操作，企业端则可设置支付审批权限分级，防止单一账户的操作风险。此外，系统还会实时监控区块链网络状态，在网络拥堵时自动切换备用节点，保障发薪时间的稳定性。

对于企业财务部门，集成方案带来了显著的管理效率提升。传统跨境发薪的对账工作需匹配银行回单、汇率凭证、员工确认单等多份文件，耗时长且易出错。而稳定币支付的所有记录均实时同步至企业财务系统，自动生成对账报表，支持按部门、地区、币种等多维度统计分析。当员工对薪资到账有疑问时，财务人员可通过区块链浏览器直接查询转账状态，无须反复与银行沟通。

集成方案的落地通常是渐进式的。企业通常先在海外分支机构小范围试点，针对远程兼职人员、短期项目团队等灵活用工场景发放稳定币薪资，待流程跑通后再逐步扩大应用范围。

实践表明，用稳定币支付工资特别适合技术型企业、跨境电商、远程服务平台等全球化程度高的行业，既能满足高频次、小批量的发薪需求，又能通过降低汇兑成本提升员工实际收入，形成企业与员工的双赢格局。

7.3.2 物联网设备小额支付测试

在物联网设备的互联场景中，小额高频支付是连接服务与价值的核心环节。传统支付方式存在手续费高、响应慢、设备兼容性不足等问题，难以满足智能设备自主完成微交易的需求。基于稳定币的物联网小额支付测试，通过整合区块链轻量化技术与设备端嵌入式模块，为智能表计、共享设备等场景提供了可行的解决方案。

测试方案的核心在于构建"设备-稳定币支付网关-用户账户"的闭环系统。测试团队选取三类典型设备作为样本：智能水表（单次支付金额0.5~5美元）、共享充电宝（单次支付1~3美元）、自动售货机（单次支付2~10美元），均搭载轻量化支付芯片，内置支持稳定币转账的极简钱包模块。支付网关采用PYUSD作为结算媒介，通过API接口与设备芯片实现数据交互，同时对接用户的稳定币管理 App，形成完整的支付链路。

小额支付测试过程重点验证三个维度的性能，如图 7-1 所示。

图 7-1　小额支付测试过程重点验证三个维度的性能

1. 交易处理性能

在交易效率方面，设备发起支付请求后，稳定币转账通过区块链网络完成确认，平均耗时控制在 2 秒内，远低于传统移动支付的 5~8 秒的响应时间。即使在网络拥堵时段，设备通过优化节点同步策略，延迟也可稳定在 5 秒以内，满足设备即时服务的需求。例如，智能水表检测到余额不足时，自动向用户账户发起 0.5 美元的 PYUSD 扣款请求，用户在 App 上确认后，设备在 2 秒内完成充值并恢复供水。

2. 成本控制性能

传统支付渠道对小额交易收取固定费率（通常为 0.3~0.5 美元/笔），当交易金额低于 1 美元时，费率占比可能超过 50%。而稳定币支付仅收取 0.001~0.005 美元的区块链网络费，成本降低 90% 以上。测试数据显示，某品牌共享充电宝接入系统后，单月 3 万笔小额交易的支付成本从 1.2 万美元降至 150 美元，显著提升了设备运营的盈利空间。

3. 设备兼容性能

设备端的兼容性与稳定性同样重要。由于物联网设备算力有限，测试团队对支付模块进行了极致轻量化的处理，压缩代码体积，降低功耗，确保设备续航不受影响。在连续 30 天的压力测试中，100 台测试设备累计完成 12 万笔交易，仅出现 3 次支付失败，失败原因均为网络信号中断，且系统具备自动重试机制，最终成功率达 99.97%。

测试过程中也暴露出一些问题。例如，部分老旧设备的操作系统无法兼容加密算法，需通过固件升级实现适配。设备离线状态下的支付请求需缓存至本地，待网络恢复后再同步至区块链，这要求系统具备断点续传能力。针对这些问题，技术团队开发了兼容旧系统的加密适配层，并设计了本地交易日志加密存储方案，确保数据安全性与一致性。

该测试的价值不仅体现在技术层面，还重塑了物联网服务的商业模式。以自动售货机为例，接入稳定币支付后，运营商可实现按需补货的精细化管理：当某款饮料库存低于阈值时，售货机自动向供应商的稳定币账户支付小额订金，触发补货流程，资金流与物流实时联动。这种基于微交易的协同模式，大幅降低了供应链的沟通成本。

未来，随着设备互联规模的扩大，稳定币小额支付有望延伸至更多场景。例如，智能停车场的秒级扣费、工业传感器的数据订阅付费、智能家居设备的耗材自动采购等。测试验证的轻量化集成方案、低成本结算模式与高稳定性表现，为物联网生态的价值流通提供了可复制的技术范本。

第8章 传统金融融合实验

当稳定币的技术基因与传统金融的业态肌理深度交织,一场静默而深刻的融合正在全球金融市场铺开。从跨境结算的效率重构到币股合一的边界突破,从交易时间仅限于纽约工作日内的 6.5 小时到 7×24 小时全球随心交易,从央行与私人部门的协同探索到合规框架内的模式创新,传统金融体系正借助稳定币,开启自我革新的深水区实践。这不仅是技术对业态的赋能,更是金融基础设施迭代的必然路径,推动着价值流转方式向更高效、更普惠的方向发展。

8.1 资产代币化

资产代币化,又称真实世界资产代币化。它是区块链技术驱动的资产权益数字化革命,通过将传统资产(如房产、股票、艺术品等)映射为链上代币,实现所有权拆分、跨时空交易与智能管理。其核心价值在于打破流动性桎梏,降低投资门槛,借助区块链的透明可追溯性与智能合约的自动化,重塑资产交易逻辑。这一变革不仅提升金融效率,还推动资产普惠化,虽面临技术与合规的挑战,却已成为连接传统金融与加密经济的关键纽带,重塑全球价值流转格局。

8.1.1 国债质押稳定币：Ondo USDY

在资产代币化的创新实践中，Ondo USDY 以国债质押为核心特征，构建了传统固定收益资产与区块链技术的融合样本。这款锚定美元的代币化票据，通过将短期国债与银行存款转化为链上可流转的数字资产，为全球投资者提供了低门槛、高透明的美元资产配置渠道，其设计逻辑在合规性与收益性之间实现了独特平衡。

Ondo USDY 的核心价值支撑源于"全额储备+刚性锚定"机制：每枚 USDY 均由等额美元资产背书，具体包括短期美国国债和美国持牌银行的活期存款，两类资产的组合比例动态调整，目标维持 35% 国债与 65% 存款的配置结构。这种组合既依托国债的政府信用背书保障安全性，又通过银行存款的高流动性应对即时赎回需求，形成"低风险+高变现"的底层资产池。

与传统法定货币稳定币（如 USDC）不同，USDY 的储备资产本身具备收益性。短期国债的利息与银行存款的活期收益会累积为代币增值部分，这使得 USDY 突破了"仅维持稳定不产生收益"的传统稳定币范式，成为兼具价值锚定、收益增值双重属性的创新工具。

为实现资金安全与运营风险隔离，USDY 采用特殊目的载体（SPV）架构：发行主体为独立法人 Ondo USDY LLC，该实体与开发方 Ondo Finance 实现完全的财务与运营隔离，拥有独立账簿、独立托管账户及独立审计流程。这种设计如同为投资者的资金筑起防火墙，避免了运营主体的潜在风险向储备资产传导。

在抵押机制上，USDY 引入超额缓冲设计，USDY 要求储备资产价值始终高于流通中代币总价值。这意味着即便短期国债价格因市场波动出现下跌，超额储备也能吸收波动冲击，确保 USDY 与美元的 1∶1 锚定关系不受影响。

USDY 的收益机制体现了"自动化+灵活性"的特点。底层资产产生的利息无须投资者手动申领，而是通过智能合约自动计入资产价值，并以两种方式呈现：

1）累积版本（USDY）：代币价格随收益累积逐步上涨（如持有 100 枚

USDY 一年后，价值可能增长至 104 美元）。

2）重置版本（rUSDY）：始终维持 1 美元锚定价格，收益通过增加代币数量实现（如持有 100 枚 rUSDY 一年后，数量可能增至 104 枚）。

这种设计满足了不同场景的需求，USDY 适合长期持有者享受资产增值，rUSDY 则便于在交易中维持计价稳定性，二者可通过智能合约无缝转换，提升了代币在投资与支付场景中的适配性。

为增强市场信任，USDY 建立了多层级透明化机制，如图 8-1 所示。

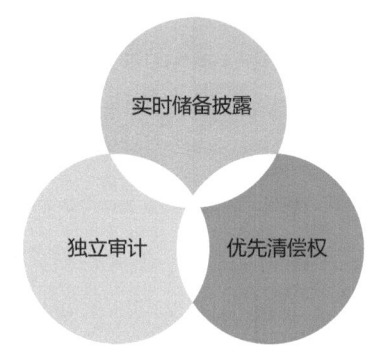

图 8-1　USDY 建立的多层级透明化机制

1. 实时储备披露

Ondo USDY 项目由第三方机构 Ankura Trust 担任抵押品代理与验证方，每日发布储备资产报告，详细列明国债代码、到期日、持仓数量及银行存款托管机构信息。

2. 独立审计

Ondo USDY 储备资产每月由会计师事务所审计，审计结果公开可查。

3. 优先清偿权

USDY 持有者对储备资产享有第一顺位清偿权，在极端情况下，Ankura Trust 可直接处置国债与存款，优先保障代币持有者的资金安全。

这些措施使 USDY 的运作逻辑从"黑箱操作"变为链上可验证，解决了传统金融产品常见的信息不对称问题。

同时，USDY 显著降低了优质美元资产的投资门槛。传统渠道中，个人投资者参与短期国债交易往往面临数十万美元的最低额度要求，而 USDY 允许以 500 美元为起点申购，且支持两种参与方式——链上通过 USDC 直接兑换，或通过银行电汇法定货币购买，覆盖了加密用户与传统投资者群体。

当用户持有 40~50 天后，USDY 可在合规链上平台自由转让，既可用作 DeFi 生态中的抵押品、交易对，也可随时通过赎回机制兑换为法定货币。这种"低门槛入场+高流动性退出"的特性，让全球非美国地区的中小投资者也能便捷参与美元固定收益市场，打破了地域与资金量的限制。

Ondo USDY 的实践验证了"传统低风险资产+区块链"的融合潜力。它未颠覆现有金融体系，而是通过代币化技术优化了资产的流转效率与普惠性，为国债等低风险资产开辟了数字化流通渠道。

这种模式证明，稳定币的创新不仅限于支付场景，还能通过与传统金融资产的结合，成为连接加密经济与固定收益市场的桥梁，为资产代币化提供了"合规为本，效率为用"的可行路径。

8.1.2 贝莱德 BUIDL 基金赎回机制

贝莱德 BUIDL 基金的赎回机制作为全球资产管理领域与加密技术融合的标志性尝试，为资产代币化提供了一套兼顾安全性与灵活性的退出方案。这一机制既延续了传统金融的风控逻辑，又融入了区块链技术的即时性优势，成为连接传统基金与数字生态的关键枢纽。

BUIDL 基金的赎回设计以双轨并行为核心特征。其底层资产为贝莱德旗下 iShares 比特币信托等加密资产相关产品的份额，这些份额通过合规平台完成代币化转换后，形成可在链上流通的 BUIDL 代币。当投资者发起赎回请求时，系统会根据赎回规模与时效性需求，自动匹配两种处理路径。

（1）标准赎回路径

标准赎回路径深度承袭传统基金的运作逻辑。投资者经链上钱包发起赎回指令后,智能合约将执行三重核验。

首先验证代币持有的真实性,其次检查解锁条件是否达成,最后冻结对应数量的 BUIDL 代币。待核验通过,托管机构即刻启动传统市场的底层资产清算程序,资金遵循严格合规的账户体系流转,最终以法定货币的形式精准汇入投资者预先绑定的银行账户。

整个赎回流程通常在 1~3 个工作日完成,其间独立审计机构将实时介入,对资产清算价值进行专业核算,确保赎回价格与市场公允价格高度一致,最大限度保障投资者权益。

(2) 即时赎回通道

此外,贝莱德 BUIDL 基金赎回机制还有即时赎回通道,此通道充分彰显了区块链技术的突破性价值。贝莱德联合加密支付机构构建了流动性储备池,预先配置稳定币与法定货币资产组合。当投资者发起即时赎回指令,智能合约即刻执行 BUIDL 代币销毁操作,并从储备池中释放等额稳定币至投资者数字钱包,整个流程在几分钟内即可完成。

为保障储备池的流动性安全,系统采用动态平衡机制。当即时赎回量触及预设阈值时,储备池将自动启动传统清算流程及时补充资金,确保储备池流动性持续稳定,有效防范挤兑风险。

两种赎回路径相辅相成,标准路径确保资产清算的严谨性与合规性,即时通道则赋予投资者灵活的流动性选择。这种差异化设计不仅满足了不同投资者对赎回时效性的多元需求,更为资产代币化赎回机制的创新发展树立了标杆。

在个人投资层面,贝莱德 BUIDL 基金打破传统投资壁垒,将赎回门槛从数十万美元大幅降至数百美元量级,同时革新交易路径,投资者无须依赖券商等中间渠道,通过数字钱包即可实现赎回操作的全流程自主管理。

对于机构投资者而言,该机制拓展了跨市场套利维度——当加密市场中的 BUIDL 代币出现溢价时,机构可凭借即时赎回功能迅速将资产变现,随即在传统金融市场重新布局仓位,精准捕捉不同市场间的短期价格波动红利。

在风险控制层面,BUIDL 赎回机制设置了三重防护网。智能合约代码经过多家第三方机构审计，杜绝逻辑漏洞。底层资产托管采用"冷热钱包分离"模式，大部分资产存入离线存储设备。而赎回额度实施分级管控，单笔超过一定金额的赎回触发人工审核，防止异常交易冲击市场。这些措施使 BUIDL 基金自推出以来，未发生过因赎回机制失效导致的资产损失事件。

更深远的意义在于，这种赎回机制重新定义了资产流动性的衡量标准。传统金融中"T+N"的清算周期被打破，代之以"链上实时确认+场外异步结算"的混合模式。当艺术品、不动产等非标准化资产通过类似机制实现代币化后，原本需要数月完成的产权交割，未来可能在智能合约的自动执行下缩短至数小时即可完成，这将彻底改变另类投资市场的生态格局。

BUIDL 基金的实践表明，资产代币化的核心并非技术的简单叠加，而是通过机制设计实现传统金融规则与区块链特性的兼容。其赎回系统既满足了监管对资产可追溯、风险可控制的要求，又保留了加密资产的高效流转特性，为更多传统资产进入数字经济领域提供了可复制的范本。

8.2 金融基础设施建设

当区块链使得 7×24 小时股票交易成为现实，当区块链的分布式账本替代部分中心化清算系统，当智能合约自动执行跨境支付指令实现高效、低成本结算，当储备资产的实时审计成为可能，传统金融基础设施的效率瓶颈与信任成本正被系统性消解。这种变革不仅是技术层面的升级，更是价值流转网络的底层重构。

8.2.1 摩根大通 JPM Coin 清算网络

作为传统金融机构拥抱区块链技术的标志性实践，摩根大通的 JPM Coin 清算网络重新定义了机构间资金流转的效率标准。这一基于私有区块链构建的数字支付系统，并非要颠覆现有金融体系，而是通过技术赋能为大型机构客户提供更高效、更安全的清算解决方案，成为金融基础设施迭代的典型样本。

JPM Coin 的核心设计逻辑是将机构客户的美元存款 1 ∶ 1 映射为链上数字代币，每枚代币均由摩根大通的银行存款全额背书，其价值与美元保持刚性锚定。这种机制既保留了传统法定货币的稳定性，又赋予资金区块链原生的可编程特性。

当机构需要进行跨境资金调拨或同业清算时，无须经过传统的代理银行网络层层周转，只需通过 JPM Coin 在链上完成代币转移，即可实现资金的即时到账，从根本上改变了传统清算依赖"T+N"结算周期的模式。

在实际运作中，JPM Coin 清算网络形成了一套闭环生态。参与机构需在摩根大通开设专门账户并存入美元，系统基于存款额度生成对应的 JPM Coin。

进行交易结算时，付款方通过链上钱包发起转账，智能合约自动验证双方账户状态与权限，确认无误后瞬间完成代币划转，同时更新双方的法定货币账户余额。交易完成后，接收方可选择将 JPM Coin 兑换回美元，或继续用于其他链上结算。这种模式将原本需要数天的跨境清算压缩至数分钟，且全程可追溯，大幅降低了操作风险与时间成本。

摩根大通 JPM Coin 清算网络的安全性构建体现在多个维度。在技术层面，JPM Coin 清算网络采用私有链架构，节点准入需经过严格审核，仅对摩根大通的核心客户与合作伙伴开放，避免公有链的匿名性带来的监管挑战。智能合约经过多轮安全审计，确保交易逻辑无漏洞。资金层面则依托摩根大通的银行牌照与风控体系，每笔 JPM Coin 背后的法定货币资金均单独托管，与银行自有资产严格隔离，即使在极端市场环境下也能保证代币的兑付能力。

从应用场景来看，JPM Coin 清算网络已深度渗透至机构间的高频交易领域。在外汇交易结算中，跨国企业通过该网络可实时完成多币种头寸轧差，避免了传统结算中因时区差异导致的资金占用。在大宗商品交易中，能源企业利用其完成跨境原油贸易的保证金划转，结算效率提升。在资产管理领域，对冲基金通过 JPM Coin 实现不同子账户间的资金调配，无须等待银行工作日即可完成操作，显著提升了资金使用效率。

摩根大通 JPM Coin 清算网络的基础设施创新带来的改变是多维度的。对参与机构而言，清算成本降低了，其中包括代理银行手续费、汇率损失与资金在途成本的节省,而对金融市场而言,JPM Coin 的实时清算特性降低了结算风险敞口,传统清算中因时间差导致的赫斯塔特风险被有效消除。

对摩根大通自身而言,该网络成为绑定核心客户的重要纽带,展现出传统金融机构通过技术创新巩固行业地位的可能性。

JPM Coin 清算网络的实践证明,稳定币技术与传统金融基础设施的融合并非零和博弈。通过在合规框架内嫁接区块链的技术优势,既保留了金融体系的稳定性根基,又释放了资金流转的效率潜能,这种渐进式革新或许正是金融基础设施向数字化演进的最优路径。

8.2.2 币股合一,7×24 小时证券结算系统替代方案

在金融科技迅速发展的当下,传统证券交易和结算模式面临诸多挑战,如交易时间受限、结算流程烦琐、耗时较长等,难以满足全球投资者日益增长的高效、便捷投资需求。在此背景下,币股合一的创新理念以及 7×24 小时证券结算系统应运而生,为打破传统证券交易和结算困境提供了方案。

以 Robinhood 的创新举措为例,2025 年 7 月 1 日,互联网券商巨头 Robinhood 于法国戛纳召开全球战略发布会,正式向欧盟用户推出代币化股票交易服务,其中就包括备受瞩目的 SpaceX 股票。这意味着投资者可以数字化代币的形式持有 SpaceX 股权。

这种代币化的股票具备诸多传统股票所不具备的特性。一方面,它能够实现 7×24 小时不间断交易。与传统证券市场每天仅在特定时段开放交易不同,基于区块链技术的代币化股票打破了时间限制。全球各地的投资者,无论身处哪个时区,都能在任何时刻根据自己的判断和市场变化进行交易操作。

例如,当美国证券市场闭市后,若亚洲或欧洲市场出现影响 SpaceX 的重大新闻或事件,投资者依然可以在 Robinhood 平台上对持有的 SpaceX 代币化股票进行买卖,及时把握投资机会或规避风险。

另一方面,代币化股票实现了币股合一的新体验。在传统金融模式下,股

票交易与数字货币处于相对隔离的状态。而在 Robinhood 的这套体系中，投资者可以像操作数字货币一样操作代币化股票。以 Solana 生态内的 xStocks 股票交易服务为例，用户不仅可以交易代币化美股，还能将持有的代币存入去中心化交易所 Raydium 提供流动性，或在 DeFi 协议 Kamino 上参与借贷，甚至通过去中心化交易所聚合器 Jupiter 实现代币交换。

这使得投资者能够利用区块链生态内丰富的 DeFi 功能，构建更加多元化、灵活的投资组合策略，打破了传统股票投资"持有即结束"的单一模式，让传统股票融入充满活力的链上金融生态。

从结算系统角度来看，传统证券结算通常采用 T+1、T+2 甚至更长的结算周期，其间涉及多个中介机构的复杂流程，包括证券登记结算机构、银行等，不仅效率低，还容易出现结算风险。相比之下，基于区块链技术构建的 7×24 小时证券结算系统，能够实现即时、自动化的结算。以智能合约为核心，交易达成的瞬间，满足预设条件的智能合约自动触发执行，完成资金与证券的交割。

在抵押借贷场景中，当抵押物价值跌破平仓线，智能合约能瞬间自动清算，避免坏账累积，这种高效且准确的结算方式，极大地提高了资本使用效率，减少了因结算周期长带来的市场风险和资金占用成本。同时，区块链的分布式账本特性，使得交易记录公开透明、不可篡改，每一笔交易从发生到结算的全过程都清晰可查，增强了市场参与者之间的信任，降低了对传统第三方信任中介机构的依赖。

在实际运行中，币股合一的 7×24 小时证券结算系统替代方案不仅能够通过创新提升交易结算效率，还能在严格的监管框架和安全机制保障下稳健发展，为全球证券市场的未来变革提供了新的方向和切实可行的路径。

8.3 创新融合——支付实验

支付领域的创新实验，正推动稳定币与传统金融的融合走向深水区。当保险金通过链上通道实现秒级到账，当货币市场基金以代币形式完成实时申购赎回,支付的内涵已超越简单转账。这些实践打破了服务壁垒,重构了资金流转路径,为金融服务的普惠化与即时化开辟出充满想象的新空间。

8.3.1 保险金链上支付通道

当链上支付通道与保险理赔流程深度耦合,一场关于效率与体验的变革已然发生。这种创新并非颠覆保险行业的根基,而是通过技术重构支付链路,让保险金在风险事件发生时,以更迅捷的方式到达受益人手中。

传统保险金支付流程往往需要经过多层审核、人工校验与跨机构资金划转,到账周期长达数天。这不仅影响投保人的资金使用效率,也增加了保险公司的运营成本。

基于稳定币的链上支付通道可以通过智能合约将理赔逻辑代码化,从根本上改变现状。其核心实现方法是将保险金支付指令编码为智能合约,当理赔条件被触发时,系统自动验证保单信息、事故证明等数据,确认无误后即时释放对应额度的稳定币至受益人钱包,全程无须人工干预。

实际应用中,这类通道在特定存量场景展现出显著优势。例如,安盛保险(AXA)借助以太坊公链智能合约,打造出专为航空旅客服务的参数化保险产品Fizzy,用于自动处理航班延误赔偿事宜。该产品将理赔规则编写进区块链智能合约,并与全球空中交通数据库实时对接,持续追踪航班动态。当航班延误时长达到预设标准(如两小时),智能合约便会立即启动赔偿流程。Fizzy依托区块链技术实现的自动赔付,既提高了处理效率,又有效减少了理赔纠纷,充分展现出区块链在保险行业的应用价值与创新能力。

在健康险领域,链上支付通道同样发挥重要作用。患者完成治疗后,医院将电子诊疗数据实时上传至区块链,智能合约自动核对保单与诊疗信息,确认符合理赔条件后,即刻支付稳定币至患者账户,有效缓解了患者垫付医疗费用的资金压力。

链上支付通道的革新还能带来增量,为保险产品的设计范式创造新的想象空间。基于稳定币的即时结算能力，保险产品得以突破时间与场景的桎梏，使一些曾经受限于传统支付效率，难以落地的短期险、场景险迎来转机。

以按小时计费的演唱会取消险为例，当演出方宣布延期，智能合约将依据投保人的实际投保时长，自动触发理赔计算程序，稳定币随即完成实时赔付，整个过程无须人工干预。这种去中介化的自动化理赔机制，既大幅压缩了保险公司的运营成本，又为投保人带来了"即损即赔"的极致服务体验，让保险保障真正实现所见即所得。

从风险控制角度看，智能合约的自动执行可大幅减少人工操作失误。链上交易的不可篡改性还可以降低欺诈风险，因为每笔理赔记录与支付记录都形成了可追溯的链上证据链，难以伪造。

目前，这类创新仍处于探索阶段，主要应用于小额、标准化的理赔场景。对于复杂的大额理赔，如重疾险、财产险等，仍需要人工介入审核关键材料，但链上支付通道可推动资金划转环节的效率优化。随着技术成熟，未来可能实现从保单生成到理赔支付的全流程链上闭环，进一步释放保险服务的普惠价值。

这种融合实验的意义不仅在于提升支付效率，更在于重新定义保险服务的颗粒度。当稳定币与智能合约结合，保险金支付不再是一个孤立的环节，而是嵌入到具体场景中的即时响应机制，让金融服务更贴近用户的真实需求。

8.3.2 通过万事达卡发行稳定币借记卡

全球领先的支付科技公司万事达卡（Mastercard）公司已帮助合作伙伴实现用数字货币借记卡在现实中购买商品，为加密企业和传统企业在支付上互融互通提供新范式。2025年年初，Solana链上项目Zebec通过万事达卡发行数字货币借记卡Zebec Carbon。实践证明该卡可以提供即时的稳定币与法定货币1∶1兑换，同时实现零月费和零手续费。

Zebec选择Solana公链，是因为Solana在支付领域的表现十分卓越。其快速、低价的特性尤为突出。以传统的银行电汇为例，进行一次转账通常需要支付25美元的手续费，并且资金到账需要等待2~3个工作日。而Solana公链支付能够做到秒级到账，极大地节省了时间成本，并且单笔交易手续费低至1美分以下。高效低价的支付体验使该公链在支付结算方面的应用具备明显的竞争力。

Zebec Carbon的诞生旨在打破加密货币与传统金融之间的壁垒，实现数字资产在接受万事达卡的全球范围内的无缝消费。这一创新产品具有诸多令人瞩目的特性。首先，它支持即时激活，用户无须漫长等待即可快速使用卡片进行交易。其次，该卡秉持零费用原则，当用户使用USDC等稳定币进行支付时，避免了因手续费产生的额外成本，真正做到了1 USDC＝1美元的等值消费。

隐私保护也是Zebec Carbon的一大亮点。在数字化时代，用户对个人信息安全越发重视。Zebec Carbon采用隐私优先的设计理念，绕过了传统的标准身份检查流程，最大程度地保护了用户数据，确保用户的消费活动不被公开，维护了用户的隐私权益。美国居民申请该卡无须进行身份验证，即可获得即时批准，大大降低了用户的入门门槛，让更多人能够轻松参与到加密货币支付的便捷体验中来。

Zebec Carbon设置了合理的交易限制，单笔交易限额为1000美元，每日最高消费上限则为10000美元，既能满足用户日常消费的多样化需求，又能在一定程度上保障交易安全。不仅如此，该卡还具备出色的兼容性，能够完美地支持Apple Pay和Google Pay等主流移动支付平台，用户可以将其数字钱包与这些平台连接，进一步简化支付流程，轻松将加密货币支付融入日常消费中，无论是线上购物还是线下实体店消费，都能享受到便捷、高效的支付服务。

Zebec Carbon并非市场上首个涉足加密货币借记卡领域的产品，MetaMask、Floki等多家知名加密货币公司都曾推出类似的借记卡产品。以MetaMask为例，2024年12月，MetaMask开始在美国测试其加密货币借记卡。该卡依托自我托管加密货币钱包，支持用户在接受万事达卡的场所进行日常购物，在结账时可将加密货币即时转换为法定货币。

目前，MetaMask卡已在欧盟、英国、巴西、墨西哥和哥伦比亚等多个国家和地区投入使用，并有进一步拓展市场的计划。同样，Floki也在借记卡领域发力，为用户提供了在多种区块链上使用比特币、USDC 及其原生 Floki 代币等多种加密货币进行消费的渠道，其推出的借记卡具备虚拟卡和实体卡两种形式，为用户提供了更多选择。

万事达卡公司自身也在积极布局区块链领域。万事达卡将其多代币网络（MTN）与摩根大通的 Kinexys 数字支付平台整合，旨在提升全球支付的透明度和速度，缩短结算时间，有效解决国际交易中的效率低下等问题。随着越来越多的企业投身于加密货币支付领域，传统银行业务与数字资产之间的界限正逐渐模糊。

Zebec Network 推出的 Zebec Carbon 借记卡，正是这一趋势下的代表性产品，它让像现金一样便捷地消费加密货币从设想逐步走进现实，为加密货币支付未来的发展开辟了新的道路，也为消费者和商家带来了更多元化、更便捷的支付选择。

第四部分
风险与未来演进

第9章 "黑天鹅"事件启示录

任何"长寿"的金融体系都会在生命周期中遇到破坏性极强的小概率"黑天鹅"事件。只有成功生存下来并不断进化的体系才能称得上健康。历史上,锚定资产的价格暴跌、储备资产的真实性危机、系统性的流动性枯竭等"黑天鹅"事件曾导致多款稳定币脱锚甚至崩盘。这些失败案例为后来者提供了深刻的警示。

稳定币的"稳定"并非天然属性,而是依赖储备机制、市场信心与应急能力实现的动态平衡。稳定币要在"黑天鹅"事件冲击下生存发展需建立超越常规的风险缓冲机制,如动态超额储备、跨链资产对冲、智能合约熔断机制等,并推动建立行业协同的"黑天鹅"预警体系,才能在极端事件中守住价值锚点,维系市场信任。

9.1 代表性"黑天鹅"事件

加密货币开启了一个让人激动的"大航海时代",许多具备创新性、执行力的稳定币项目盛极一时又很快衰败。它们或源于锚定资产的突发性崩盘,或因储备资产的透明度危机引发挤兑,抑或因系统性的流动性危机传导至稳定币领域。这些事件虽成因各异,却都暴露了稳定币设计逻辑与风险应对机制的深层漏洞。这些失败项目的经验教训,为行业后续的演进提供了宝贵经验,避免重蹈覆辙。

9.1.1 UST 脱锚时间轴（2022.5）

在稳定币的发展历程中，2022 年 5 月 UST 脱锚事件犹如一场破坏力巨大的风暴，给整个加密货币市场带来了沉重打击。缺乏价值支撑的脆弱共识和丧失流动性主导权是 UST 这场高达 400 亿美元昂贵的"社会试验"留下的两大直接教训。在去中心化、安全稳定和资本效率的稳定币不可能三角中选择牺牲安全稳定是难以忽视的根本问题。

UST 是 Terra 链上发行的去中心化算法稳定币，与美元挂钩。Terra 发行了 UST 和 LUNA 两种数字货币，并依赖这种双币机制维持 UST 对美元的锚定：当 UST>1 美元时，用户可销毁 LUNA 铸造 UST 套利；当 UST<1 美元时，用户可销毁 UST 赎回 LUNA。

为了凝聚共识，Terra 推出 Anchor 协议给 UST 锁仓者许以高达 20% 的利息。在国际央行纷纷降低利息释放流动性的特殊时期，高息的 Anchor 快速吸收并锁住了 75% 的 UST 并奠定了 UST 和 LUNA 这对"双生子"的早期价格共识。交易平台 Curve Finance 的流动性池（最大流动性池叫 3pool）是 UST 维持锚定的核心场所。

随着低利息策略的结束，一次"黑天鹅"事件暴露了 UST 机制的致命漏洞。

当国际无风险利息快速飙高，Anchor 的 20% 高息吸引力减弱，市场对 UST 保值能力的怀疑种子已经种下。当 Anchor 主动宣布降低利息的计划时，一些持仓大户开始计划撤资将 UST 兑换成其他资产。

2022 年 5 月，Terra 与 Frax Finance 等合作计划推出 Curve Finance 上的新稳定币流动性池 4pool，旨在取代该平台原有的 3pool 并增强 UST 的影响力。为集中流动性，Terra 需从原有 3pool 中撤出大量 UST，转移至 4pool。短时间内，市场上的 UST 流动性急剧减弱。此时一点微小的扰动就可以对 UST 价格产生剧烈影响。

2022 年 5 月 8 日凌晨，趁着 Terra 移除 Curve 中的流动性准备 4pool 时，有用户在 Curve 抛售事先准备的 8400 万 UST，导致 UST 两次小范围脱离 1 美元。虽经部分地址努力短暂恢复，但已引发市场不安。当日晚上，有市场巨鲸抛售约上亿美元 UST，致使其小幅度脱锚，因 UST 流通盘稀薄，无法承接抛压，恐慌情绪开始蔓延。百万美元级别的巨鲸接连出逃，UST 价格持续下跌。

5 月 9 日晚间至 5 月 10 日，UST 在略低于 1 美元的价位出现巨量交易。其间，有知名交易所发起"UST 保卫战"试图稳定其价格，然而最终未能成功。UST 最低跌至 0.6 美元左右。随后，该交易所暂停了 UST 的充提业务，同时 Terra 链上操作出现卡顿情况，导致投资者难以在链上通过销毁 UST 来赎回资金，市场信心因此受到严重打击。

5 月 11 日早间，加密货币媒体 The Block 发布消息，称 Terra Luna 基金会（LFG）正与多家机构接洽，计划筹集资金以支撑 UST 价格。当时已有部分机构承诺参与，协议约定这些机构将以五折价格购入 LUNA，且需锁仓一年，锁仓期结束后按月逐步解锁，然而这笔融资很快传出失败消息。由于 LUNA 价格暴跌速度远超预期，即便五折的折扣价也失去了吸引力。按当时价格计算，机构购入后若短期抛售仍将面临巨额亏损。融资流产直接加剧了市场恐慌，LUNA 与 UST 价格加速下滑。

5 月 12 日，Terra 官方紧急推出 1164 号提案，试图通过扩大基础池规模、加快 UST 燃烧速率来弥合链上价格差，Terraform Labs（TFL）同步启动三项应急措施。然而，市场信心已全面崩塌，难以扭转局势。

LUNA 代币价格持续下行，但其增发规模却呈现扩张态势，与此同时，UST 的销毁数量显著下滑，币价大幅跳水，LUNA 更是暴跌至最低位。

UST 脱锚事件是多种因素共同作用的结果。其过快的增发速度及喂价机制，在 LUNA 上涨周期积累了巨量不足额铸造债务，下跌周期中这些债务集中释放，引发死亡螺旋。此外，当市场对其信心崩溃，UST 脱锚后，缺乏内在稳定机制使其重回稳态，极度依赖 LFG 的"最终贷款人"角色，但 LFG 的实力及救市措施未能挽回局面。

此次事件不仅导致 UST 和 LUNA 的价值近乎归零，还引发了整个加密货币市场的恐慌，许多其他加密货币价格也大幅下跌，让投资者遭受了巨大损失，也为稳定币行业的发展敲响了警钟。在加息环境和流动性的弱点被攻击的表象之下，稳定币在不可能三角中选择牺牲安全稳定的设计方案才是失败的根本原因。

9.1.2 USDC 硅谷银行挤兑事件

2023 年 3 月，金融市场遭遇一场"地震"，硅谷银行（SVB）轰然倒下，这一事件迅速波及稳定币领域，其中 USDC 受到的冲击尤为显著。硅谷银行的破产之所以给 USDC 带来如此重大的冲击，根源在于其与稳定币发行方 Circle 紧密的资金关联，这一深层次联系成为危机传导的关键链条。

硅谷银行是一家深度服务科技初创企业的银行。该行在 2020~2021 年量化宽松期间吸收了大量初创企业的存款，使其存款规模近乎三倍增长。然而美联储随后开启的激进加息周期使硅谷银行持有的长期债券资产大幅贬值，资产负债表遭受重创。

2023 年 3 月 8 日，硅谷银行试图通过出售资产和股权融资来填补亏空，这一消息如一颗重磅炸弹，瞬间引爆市场恐慌情绪，大量储户蜂拥而至要求提现，挤兑潮汹涌来袭。仅仅 48 小时，硅谷银行便因流动性枯竭宣告破产，成为自 2008 年金融危机以来美国规模最大的银行倒闭事件之一。

稳定币发行方 Circle 彼时处境艰难，其发行的 USDC 与美元锚定。公司重视合规，及时透明地向市场披露自己的储备金情况，使 USDC 在市场上流通广泛。由于高度透明，Circle 在硅谷银行倒闭的当天披露约 400 亿美元的 USDC 储备中有 33 亿美元存于硅谷银行。这一消息令市场对 USDC 的信心大减，投资者恐慌情绪蔓延。大量的抛售导致 USDC 价格快速下探至历史最低位 0.87 美元。

3 月 11 日至 12 日，加密货币及股票交易平台 Robinhood，头部加密货币交易所 Binance、Coinbase 等相继宣布暂停 USDC 的部分服务，以缓冲这场突如其来的危机冲击。

为缓解危机，Circle 销毁价值约 16 亿美元的 USDC，以减少市场流通量、稳定价格；积极声明其储备资产中大部分为美国国债，并承诺弥补资金缺口来安抚市场情绪。USDC 价格回升至 0.94 美元。

3 月 13 日，随着美国政府宣布全额保障储户存款，Circle 确认储备金安全，市场信心全面恢复。USDC 价格回升至 0.98 美元并在一周内回到 1 美元附近。

全球第二大稳定币 USDC 被硅谷银行倒闭波及的事件，表面看是储备资产存放和风险管理方面的问题。但是站在当时历史视角上来看，Circle 遇到"黑天鹅"前已将储备资产分散在很多机构托管来分散风险。深层次原因是现阶段稳定币发行方会受到来自传统金融市场风险的波及。如果不调整中心化机构不透明的操作模式，让稳定币体系建立在老化的传统金融架构上，那么稳定币只能发挥效率优势，其风险敞口难以低于传统机构。试想如果硅谷银行资产上链，受托账户结构清晰透明并被链上保护，USDC 的用户就不必担心自己的资产被冻结和挪作他用，也不用担心遭受清算损失。

9.1.3　BUSD 强制停止发行监管解读

2023 年 2 月，稳定币领域再次掀起波澜：BUSD 被强制停止发行，这一事件引发了整个行业的高度关注。BUSD 作为当时排名前列的稳定币，由币安和 Paxos 合作推出，其稳定运行对加密货币市场意义重大。

2 月 13 日，据《华尔街日报》消息，美国证券交易委员会（SEC）已就 Paxos 参与发行币安美元稳定币 BUSD 发出韦尔斯通知，认定该稳定币是一种未注册的证券。这一通知犹如一颗重磅炸弹，瞬间打破了 BUSD 市场的平静。SEC 的行动基于其对证券定义的理解，在他们看来，BUSD 的发行和交易模式存在不符合证券注册规定的情况，这可能会给投资者带来潜在风险。

2 月 14 日，Paxos 被责令停止铸造发行 BUSD。纽约金融服务部指出，Paxos 在对其与币安关系的监督上存在诸多尚未解决的问题，无法以安全可靠的方式管理BUSD，违反了对 BUSD 客户定期进行个性化风险评估和尽职调查的义务。

同时，纽约金融服务部在监管行动中明确强调，基于严格的金融监管框架，授权 Paxos 在以太坊区块链上发行 BUSD，但并未在任何区块链上授权币安的打包版本 Binance-Peg BUSD，而这也成为发难的原因之一。

面对监管机构的行动，2 月 14 日 Paxos 发表声明，明确反对 SEC 将 BUSD 认定为证券的意见，强调 BUSD 由 1∶1 美元储备支持，存于破产隔离账户，并表示将与 SEC 沟通，必要时提起诉讼。

BUSD 被强制停止发行的监管指令一经落地，加密货币市场随即产生剧烈震动，各类交易数据出现明显波动，市场情绪也随之发生显著变化。其价格一度下跌，市值也大幅缩水。

币安等相关平台也受到牵连，币安首席执行官赵长鹏表示，用户会随着时间的推移迁移到其他稳定币，币安也将做相应的产品调整，如放弃使用 BUSD 作为主要交易货币，并审查相关司法管辖区的其他项目。

从行业层面来看，BUSD 被强制停止发行事件反映出监管机构对稳定币监管的日益严格。随着行业规模扩大，与政府和监管机构的沟通对于稳定币发行方来说变得前所未有的重要。对于稳定币发行方来说，积极主动拥抱监管是长期发展的必然策略。在创新领域，企业也呼吁政府和监管部门能通过颁布清晰明确的规则来指导行业有序发展。只有企业主动和监管机构携手合作，才能保障市场的健康繁荣。单方面的视而不见和避而不见会妨碍用户利益，最终失败。

9.1.4　Tether 储备争议法律纠纷

在稳定币领域，Tether 发行的 USDT 长期占据重要地位。但 Tether 的储备情况却多次引发争议，并卷入法律纠纷之中。

早在 2019 年 4 月，纽约总检察长办公室就对 Bitfinex 和 Tether 展开调查。Bitfinex 是与 Tether 关联的加密货币交易所，两家公司同属 iFinex 集团。诉讼文书直指 Bitfinex 与 Tether，控诉二者存在欺诈加密货币投资者、操控加密货币市场的不当行径，更挪用高达上亿美元的 USDT 储备资金，用于弥补 Bitfinex 自身的资金缺口。

作为稳定币 USDT 的发行主体，Tether 起初承诺其发行的每单位 USDT 均获得等额法定货币储备支撑，确保 1 USDT 与 1 美元价值锚定。这一机制赋予 USDT 在加密货币市场中关键的流通职能，成为行业重要的价值交换媒介。然而纽约检方的调查结果却否定了这一说法。

调查发现，大约从 2017 年年中开始，Tether 在全球范围内难以获得银行服务，甚至在一段时间内，流通中的 USDT 没有任何储备支持。面对外界对其储备是否充足的质疑，Tether 发布了一份所谓验证其现金储备的报告，而事实上报告中的资金是在当天早晨才存入 Tether 账户的。

2018 年 11 月 1 日，Tether 发布公告宣称 USDT 采用 100% 现金储备锚定机制，承诺每枚代币与 1 美元严格挂钩，但次日就从账户中转出数亿资金到 Bitfinex 的账户。根据纽约总检察长詹姆斯的调查结论，Tether 所宣称的稳定币 USDT 时刻保持 1∶1 美元储备支持存在不实性。该声明不仅刻意隐瞒了投资者可能面临的潜在风险，同时也暴露出 iFinex 公司在 USDT 储备信息披露上存在重大误导性陈述。

2021 年 2 月 23 日，Bitfinex 和 Tether 与纽约总检察长办公室达成和解，需支付 1850 万美元罚金。和解条款规定，为确保 Bitfinex 与 Tether 的运营清晰可查，应建立季度强制披露机制。相关企业需定期公开关联借贷及款项往来详情，并对 USDT 锚定资产进行分类公示，以此增强市场透明度与投资者信任。尽管双方既不承认也不否认纽约总检察长办公室的调查发现，但该事件对市场信心造成了一定的冲击。

2024 年 1 月，Tether 在声望颇高的专业托管机构 Cantor Fitzgerald 协助下有效证明了储备金的完备，市场质疑声音逐渐弱化。

Tether 储备争议引发的法律纠纷，反映出稳定币行业在储备透明度、合规运营等方面存在的问题，也为监管机构和市场参与者敲响了警钟，促使行业进一步完善监管规则和运行机制。

9.1.5 DAI 抵押品集中度危机

在稳定币发展历程中，2020 年 3 月"黑色星期四"爆发的 DAI 抵押品集中度危机是一起典型的"黑天鹅"事件。这一事件不仅暴露了单一抵押品的脆弱性，还推动了 DeFi 行业对风险机制的深刻反思。

当时，DAI 的抵押品结构高度依赖以太坊（ETH）。在疫情引发的全球金融市场恐慌中，ETH 价格在短时间内暴跌。由于 DAI 采用超额抵押机制，大量以 ETH 为抵押品生成的 DAI 瞬间跌破安全阈值。链上数据显示，平台大量抵押资产将面临清算风险。

以太坊网络陷入严重拥堵，交易手续费飙升至历史峰值，导致清算交易无法及时执行。正常情况下，系统会自动拍卖抵押品偿还债务，但此次拥堵使部分用户抵押率跌至临界值以下仍未被清算，最终被迫以大幅折扣处理资产。更极端的情况是，部分清算拍卖中出现异常低价竞标的现象，直接导致 MakerDAO 产生坏账。

此次危机暴露了去中心化稳定币在抵押品管理上的三个行业共性问题，如图 9-1 所示。

图 9-1　去中心化稳定币在抵押品管理上的三个行业共性问题

（1）资产波动传导

单一资产占比过高会放大市场波动的传导效应，尤其当抵押品为高波动性加密资产时。

（2）清算应对不足

链上拥堵使清算流程失效，暴露了去中心化清算在极端条件下的脆弱性。

（3）治理效率滞后

去中心化治理的决策效率在危机中受限，不能及时通过紧急提案调整清算参数，错过了最佳干预时机。

面对系统性风险，MakerDAO 社区启动紧急治理程序，首先引入新的资产分散风险，降低 ETH 抵押占比，增加清算延迟时间，引入"清算保险库"缓冲极端波动。同时，设置动态债务上限，按抵押品类型设定独立上限限制单一资产风险敞口。此外，还进行预言机冗余设计，采用 Chainlink 等多节点喂价抵抗价格操纵。

此次事件深刻揭示了 DAI 在抵押品设计上过度集中的弊端。在极端市场环境下，单一抵押品的高度集中使得稳定币系统在面对抵押品价格大幅波动时缺乏足够的缓冲和应对能力，极易引发清算困境、价格脱锚等严重问题。这也为后续稳定币项目在抵押品多元化设计及风险应对机制构建方面提供了重要的警示与借鉴。

9.1.6 闪电贷攻击致协议破产案例

闪电贷攻击作为加密货币领域特有的风险形式，曾多次导致稳定币相关协议陷入危机。其中一些攻击导致协议遭受重创甚至破产。

2022 年 4 月 17 日，以太坊平台上的去中心化金融项目 Beanstalk Farms 遭遇闪电贷攻击，损失 1.82 亿美元，最终陷入近乎破产的境地，成为稳定币领域因治理机制漏洞被闪电贷攻击摧毁的典型案例。

Beanstalk Farms 的核心功能是通过中央资金池平衡其发行的稳定币 BEAN（豆子）的供需，维持 1 美元锚定汇率。用户向资金池贡献资产可获取奖励，同时项目采用 DAO 去中心化治理模式，参与者依据持有的代币价值获得投票权，可对代码修改等关键事项进行集体决策。这一治理设计原本为保障社区自治，却因安全机制缺失沦为攻击突破口。

攻击者的操作链极具针对性：首先通过 Aave 协议借入近 10 亿美元加密货币，利用闪电贷无抵押、即时借还的特性，将这笔资金快速兑换为 BEAN 代币，获得 Beanstalk 项目的投票权。当时 Beanstalk 的治理系统存在致命缺陷：项目未设置防闪电贷机制，允许通过闪电贷临时创建的资金池参与投票，且未对投票权获取的时间窗口或资产锁定周期做出限制。

掌握绝对投票权后，攻击者立即发起并批准了一项恶意提案，通过代码修改将协议内的资金池资产转移至个人钱包。完成资产转移后，攻击者迅速偿还闪电贷本金及费用，整个过程在以太坊区块链上以智能合约调用的形式瞬间完成，净获利近 8000 万美元。此次攻击对 Beanstalk 造成毁灭性打击，成为闪电贷攻击导致协议直接破产的标志性事件。

该案例深刻暴露了 DeFi 协议在融合闪电贷机制与治理系统时的安全隐患。当去中心化治理缺乏对瞬时巨额资金介入的防御机制，攻击者可借助闪电贷的低成本操控投票权，将协议规则异化为掠夺工具，这为后续项目的权限设计与风险隔离提供了沉重警示。

9.2 风险分析与解决方案

"黑天鹅"事件的频发倒逼行业从被动应对转向主动防御。这些危机并非孤立存在，而是稳定币在储备机制、市场传导、技术架构等层面系统性风险的集中爆发。通过拆解典型案例中的风险传导链条，可提炼出共性防御框架。健康的稳定币设计既要针对性地解决单一环节的漏洞，更要构建覆盖全生命周期的风险免疫体系，为稳定币的"稳定"属性筑牢根基。

9.2.1 银行托管账户单点故障风险

稳定币发行中，银行托管账户的安全性与稳定性直接关系到储备资产的可及性，而单点故障风险始终是行业面临的一个潜在威胁。当稳定币的储备资产过度集中于单一银行账户时，任何来自银行端的异常都可能引发连锁反应，这种风险在近年的市场波动中已多次显现。

从风险表现来看，银行托管账户的单点故障可能通过多种路径传导至稳定币体系。最常见的是银行流动性危机导致的资金冻结，若银行因短期兑付压力暂停部分账户支取，稳定币发行方将无法及时动用储备资产应对赎回需求，进而引发市场对锚定能力的质疑。曾有中型稳定币项目因合作银行遭遇挤兑，导致一段时间内无法完成储备金划转，虽最终通过紧急拆借化解危机，但其间稳定币价格一度偏离锚定价格。

在银行托管账户管理中，操作层面的风险同样不容忽视。银行系统升级、账户信息错误等技术性问题，可能造成储备金对账延迟或转账失败。某稳定币发行方曾因合作银行核心系统切换，导致储备资产数据同步中断12小时，其间无法准确披露储备情况，引发社区对资产足额性的猜测。此外，银行与稳定币发行方的合作关系可能因商业策略的调整而终止，若发行方未能及时找到替代托管机构，储备资产转移过程中的时间差可能成为市场冲击的窗口。

为化解这类风险，行业逐步形成多层次应对框架。账户分散化是基础策略，头部稳定币普遍将储备资产分散至多家银行，单家银行托管比例控制在20%以内，通过地理区域、银行类型的差异化配置降低关联风险。例如，投资者将部分资产存放于全球性大银行，部分分配给区域型银行，利用不同机构的风险暴露特征形成互补。

银行通过技术层面的革新同步推进，其开发的实时对账系统通过API接口实现发行方与托管银行的资金数据秒级同步。当某账户出现异常交易或余额波动时，系统自动触发预警并启动备用账户资金调拨机制。部分项目还引入智能合约托管模块，将储备资产的划转权限与多银行账户的实时状态绑定，确保在单一账户发生故障时资金能自动切换至健康账户。

深层的探索在于金融机构构建混合托管体系，将银行账户与信托机构、清算所等其他金融基础设施结合。例如，基金管理人将高流动性储备资产存放于银行满足即时赎回需求，同时将部分资产通过信托机构投资于短期货币市场工具,既提升资金使用效率,又减少对银行账户的绝对依赖。

更深入的探索方向是用区块链技术改造现有金融基础设施。未来基于区块链的托管技术有望以低成本、可实时验证、不易被人为篡改等特点在市场中赢得一席之地。

这些实践共同推动行业从依赖单一托管方向构建抗脆弱托管网络转型,为稳定币的储备安全提供更坚实的保障。

9.2.2 OFAC 制裁与中心化审查风险

在稳定币的运营生态中,OFAC(美国财政部海外资产控制办公室)制裁与中心化审查带来的风险,主要体现在对用户资产流动性和系统中立性的潜在冲击,成为行业平衡合规与开放的关键挑战。

中心化稳定币的发行机制决定了其必然存在一定的审查能力。发行方通常会通过链下 KYC/AML 流程筛选用户,并有权冻结特定地址的资产。当涉及 OFAC 制裁名单时,这种审查能力会被强化。曾有稳定币发行方根据相关名单,在 24 小时内冻结了数十个地址的资产,虽符合合规要求,却引发了市场对"资产使用权稳定性"的担忧。部分去中心化金融协议因担心关联风险,一度暂停接纳该稳定币,导致其流通范围短暂收缩。

从行业视角看,这类风险的核心矛盾在于合规性要求与用户对资产控制权的预期之间的张力。一方面,中心化稳定币需满足合作金融机构的合规标准,避免因涉及制裁名单资产而失去银行托管、支付通道等关键资源。另一方面,过度的审查干预可能削弱市场对稳定币价值载体功能的信任,尤其在跨境场景中,用户担心资产会因地缘因素被突然冻结。某跨境支付项目曾因使用的稳定币遭遇审查限制,导致跨境转账被迫延迟,暴露了依赖单一中心化稳定币的潜在隐患。

面对这一困境,行业已形成多元应对策略,如图 9-2 所示。

图 9-2　行业面对 OFAC 制裁所形成的多元应对策略

1）透明化合规机制。部分稳定币发行方定期发布审查透明度报告，详细披露地址冻结数量、操作依据及解冻流程，在满足监管要求的同时强化用户信任。

2）技术解决方案。聚焦技术突破，利用混币技术或隐私计算能力，在合规框架内降低地址关联性风险。

3）体系化架构创新。更深层的探索则围绕构建分层稳定币体系展开，针对不同用户群体设计差异化审查策略——机构级稳定币保留严格的风控机制，零售版稳定币则通过智能合约限制非必要冻结操作。

这些创新探索持续驱动行业迭代升级，通过优化技术架构与完善合规机制，在规避中心化审查风险与保障用户资产安全之间构建起动态平衡体系。

9.2.3　储备金审计标准争议焦点

稳定币储备金的审计标准始终是行业信任建设的核心争议点，其模糊性与不一致性多次引发市场波动，暴露了行业自律体系的薄弱环节。

审计行业各参与方对于审计范围的界定存在分歧。部分稳定币发行方仅披露储备资产的总额及大类构成（如现金及等价物占比 70%），但拒绝公开具体资产明细，包括商业票据的发行方、债券的到期日等关键信息。这种"黑箱式审计"难以让市场确认资产的真实性与流动性。曾有项目因审计报告未充分说明某笔大额资金存在流动性限制条款，引发"资金存在兑付风险"的质疑，导致相关金融产品的价格出现剧烈波动。

同时，审计领域的各方对储备金审计的频率与时效性问题存在争议。多数稳定币采用季度审计模式，但其储备资产可能在审计期间发生重大变动。2022年某稳定币在季度审计后30天内，将部分储备资产从现金转为低流动性信贷资产，直到下季度审计时才披露这一变化，其间市场对此毫不知情。部分项目尝试引入月度审计，但高昂的时间与人力成本让中小发行方难以承受，形成合规成本门槛。

审计机构的独立性问题也备受质疑。行业内大量的稳定币审计由区域性会计师事务所承担，部分机构同时为发行方提供咨询服务，这种"审计+服务"的双重合作关系可能影响结果的公正性。曾有审计报告因未披露发行方与审计机构的关联交易，被社区质疑"选择性披露资产状况"，最终迫使发行方更换审计机构并重新审计。

这些争议推动行业探索统一标准，部分头部机构已开始采用实时储备证明技术，通过链上数据与托管机构信息的实时比对，让市场随时验证储备足额性。但如何平衡透明度与商业机密、如何降低中小项目的合规成本，仍是储备金审计标准完善过程中需要跨越的难关。

9.3 防护升级：确保稳定币安全

过往"黑天鹅"事件倒逼稳定币安全防护体系向纵深升级。从跨协议风险传导的模拟推演，到预言机操纵的防御加固，再到负溢价恶性循环的精准阻断，需构建全链条防护网络。通过技术迭代与机制创新的深度融合，将风险抵御能力渗透至稳定币运行的每个环节，为其在极端市场环境中筑牢安全屏障。

9.3.1 跨协议传染风险模拟

在复杂的稳定币生态系统中，跨协议传染风险犹如隐藏在暗处的"定时炸弹"，随时可能被触发，引发系统性危机。随着DeFi生态的蓬勃发展，各类协议之间的交互日益频繁，形成了一个紧密交织的网络。一旦某个协议出现漏洞或遭受攻击，风险便会如同病毒一般，迅速在整个网络中蔓延。

以 2021 年 Poly Network 被盗事件为例，黑客利用跨链合约 keeper 地址被篡改的漏洞，转出超 6.1 亿美元资产。攻击中，黑客将稳定币分散转移至不同协议平台，不仅暴露了 Poly Network 的安全隐患，还因协议间资金关联引发 DeFi 生态恐慌，波及其他稳定币项目，致使市场对跨链协议生态的信任度骤降。

当算法稳定币因设计缺陷或市场波动脱锚时，用户在避险心理的驱使下会迅速抽离资金，转向其他安全资产。这种大规模资金转移，将通过跨协议资金流动和用户行为，快速传导至关联的借贷协议、去中心化交易平台，引发流动性危机。

例如，一些借贷协议可能因为大量用户赎回抵押资产，导致抵押物价值暴跌，进而引发连锁违约反应。而在去中心化交易平台上，由于稳定币流动性的突然变化，可能会导致交易滑点增大，价格波动加剧，影响整个交易市场的稳定性。

为了有效模拟跨协议传染风险，需要构建复杂的模型。这些模型通常基于网络分析理论，将各稳定币协议视为网络中的节点，协议之间的资金流动、用户交互等视为连接节点的边。通过模拟不同类型的初始冲击，如某个协议遭受黑客攻击、市场对某类稳定币信心下降等，观察风险如何沿着这些边在网络中传播。例如，在稳定币生态中，可以刻画稳定币协议与相关金融机构、其他加密货币项目之间的复杂关联。

在欧洲央行的压力测试中，考虑隐性担保关系的系统性风险估值显著高于传统模型，这表明在稳定币生态中，若能准确模拟协议之间的隐性关联，将能更精准地评估跨协议传染风险。同时，基于区块链交易数据的动态 DebtRank 算法，可实时监测加密货币的市场风险。

在某知名交易所的实证分析中，该算法成功预警了大量的极端波动事件，这为稳定币跨协议风险模拟提供了一种可行的实时监测手段。通过对大量历史交易数据和协议交互数据的分析，能够识别出哪些协议在风险传播中处于关键节点位置,一旦这些关键节点出现问题,可能会引发大规模的风险传染。

9.3.2 预言机操纵攻击防御方案

预言机作为连接稳定币智能合约与现实世界数据的桥梁,一旦被恶意操纵,稳定币的价格稳定机制将瞬间崩塌。在复杂的加密货币生态中,预言机操纵攻击手段层出不穷,给稳定币的安全带来了极大的挑战。

2020 年 10 月,Harvest Finance 遭受闪电贷攻击,损失惨重,其原因便是预言机被恶意操纵。攻击者利用闪电贷借入巨额资金,在去中心化交易所进行交易,人为改变资产价格,使得预言机获取错误价格数据,智能合约基于此做出错误决策,攻击者从而实现套利。

面对严峻形势,多源数据聚合成为重要防御手段。单一数据源极易被操纵,而从多个独立、可靠的数据源获取价格信息,并通过算法聚合,能有效降低被操纵风险。例如,Chainlink 采用共识机制,只有多个节点提供的数据一致,才将数据认定为有效。项目方可接入多个第三方价格预言机,并结合 DEX 的链上价格,如 Uniswap 的 TWAP(时间加权平均价格)。通过设置不同权重,对获取的价格进行加权平均计算,还可在同个区块内,对合理计算出的价格进行复用,降低闪电贷操纵价格的威胁。

TWAP 机制以一段时间内的平均价格作为参考,而非瞬时价格,能极大地降低价格短期剧烈波动带来的影响。Uniswap V2 就支持 TWAP 机制,稳定币项目引入该机制,可平滑价格曲线,避免因瞬间价格异常导致的错误操作。

设置价格变动阈值也是有效防御策略。当价格变动超过预先设定的合理范围时,立即触发警报,暂停智能合约执行,防止因价格大幅波动而造成损失。例如,某些项目设定价格变动超过 20% 即触发警报,为项目方争取应对时间。

实时监控与预警系统不可或缺。借助 BlockSec Phalcon 预言机监控等工具,对预言机价格变动幅度、与参考预言机的价格差异进行实时监测。当价格偏差超设定阈值,系统自动告警,并通过多种渠道及时通知项目方。并且,这类系统还能对预言机健康状况、价格更新延迟进行监控，确保价格更新及时、可用。

此外，定期的安全审计至关重要。对预言机的源代码、技术架构、数据源、节点配置等进行全面审查，查找潜在的安全漏洞，评估抗攻击能力与数据可靠性。通过测试和模拟攻击，验证预言机的安全性，及时发现并修复问题，不断提升预言机抵御操纵攻击的能力。

9.3.3 负溢价循环的阻断机制

稳定币的负溢价循环如同多米诺骨牌，一旦触发便会引发市场恐慌与资金出逃的恶性循环。2022年UST脱锚事件堪称典型，当UST与美元的兑换比例跌破临界值时，投资者担忧算法稳定币的套利机制失效，开始大规模抛售，导致溢价进一步扩大。这种负反馈不仅摧毁了UST的价值锚点，还引发LUNA币价崩盘，最终让整个生态系统归零。

阻断负溢价循环需从流动性管理与市场信心修复双管齐下。超额储备金机制是第一道防线，参考USDC的操作逻辑，当稳定币出现1%以上负溢价时，可启用额外储备的高流动性资产进行市场干预。通过在交易所挂单回购，将价格拉回锚定区间，同时向市场释放储备充足的信号，缓解抛售焦虑。

动态手续费调节能精准抑制投机性交易。当负溢价超过阈值时，自动提高稳定币的卖出手续费，同时降低买入手续费，通过成本杠杆遏制空头行为。这种机制在2023年USDT短暂脱锚时被部分交易所采用，有效减缓了抛售速度，为市场情绪的修复争取了时间。

跨市场套利通道的打通可加速价格回归。利用不同交易平台的溢价差，通过智能合约自动执行跨平台搬砖操作——在负溢价市场买入稳定币，在溢价市场卖出，通过套利行为缩小价格偏差。Curve的稳定币兑换池正是通过这种机制，将多平台的价格波动控制在较小范围内，成为抵御负溢价的重要力量。

透明化的沟通机制同样关键。当负溢价出现时，项目方需实时披露储备资产构成、赎回数据及干预措施，避免信息不对称加剧恐慌。2018年USDT遭遇信任危机时，市场出现剧烈负溢价。Tether 公司通过连续发布审计报告，公开银行储备账户余额，并与第三方机构合作验证资金真实性，逐步恢复市场信心，将负溢价从峰值压缩至较低水平。

这些机制的协同作用，既能从交易层面阻断负溢价的自我强化，又能从心理层面重建市场信任，为稳定币构筑起抵御极端波动的弹性防线。

第10章　下一代稳定币创新

传统稳定币大多依赖法定货币或加密资产质押的模式，虽然解决了价格波动问题，却在资产效率、场景渗透、技术适配等方面遭遇瓶颈，难以应对越来越复杂的市场。下一代稳定币的创新，正是对这些瓶颈的突破。本章聚焦下一代稳定币在资产扩展、技术突破、场景融合三大方向的创新实践，并基于这些探索预测行业的演进路径。

在新的"大航海时代"，希望我们能经受住考验，不要错过可能重构全球金融体系的关键机遇。

10.1　创新场景一：资产扩展

稳定币的价值根基始终与其抵押资产深度绑定，而传统抵押品，如法定货币、加密资产等的固有局限性制约着稳定币服务更广阔的实体经济场景。资产扩展创新的方向之一是将稳定币的价值锚点从金融资产延伸至实体资产，通过代币化技术将房地产现金流、碳信用等实体经济接入区块链，以丰富抵押资产的多样性，提高经济效益，并降低损耗，增加透明度，在实体行业掀起一场颠覆性变革。本节将深入分析房地产现金流代币化方案与碳信用衍生品稳定币的清算逻辑，展现稳定币在资产端的潜在应用场景。

10.1.1 RWA 扩展：房地产现金流代币化方案

2025 年 7 月，曾经的千亿房企绿地控股连续斩获四个涨停板，引发市场关注。其核心驱动力并非传统地产业务的回暖，而是其旗下子公司成功获批 VA4（数字资产咨询服务）和 VA9（数字资产投资组合管理）牌照，使其能依托香港合规框架，推出以房地产为底层资产的代币化产品。此事件标志着一个关键转折：稳定币不再仅是加密货币领域的一个避险工具，而是作为现实世界资产与链上金融的接口，为实体经济服务。

房地产代币化是现实世界资产代币化的一种，核心是将不动产权益转化为区块链上的可编程凭证。其技术路径融合了传统证券化逻辑与分布式账本技术的优势：

1）资产确权与封装。物理世界的房地产经法律确权后，由特殊目的载体（SPV）持有，避免因产权碎片化带来的法律风险。

2）价值映射与拆分。专业机构评估资产净值和现金流潜力，将总价值拆分为等额代币（如 200 万美元房产超额抵押对应 100 万枚 1 美元稳定币）。

3）链上发行与流通。基于 ERC‑20（同质化代币）或 ERC‑721（非同质化代币）标准生成数字凭证，支持二级市场交易。

房地产代币化并非孤立存在，其商业闭环的完成依赖稳定币作为价值传输"血管"。当租金收益、资产增值等现金流需分配给全球投资者时，稳定币将成为最佳结算媒介。以租金收益分配为例，在传统房地产投资中，租金收益分配需经历"租户支付‑物业管理‑银行清算‑基金管理‑投资者账户"的漫长链条，耗时数周且成本高昂。

而在代币化方案中，"智能合约+稳定币"的组合模式重构了上述链条：

1）租户通过法定货币或链上稳定币支付租金。

2）资金实时转换为 USDC、CNHC 等合规的稳定币。

3）智能合约按照代币持有比例将收益自动分配给投资者。

4）分配记录永久上链，可以审计但无法篡改。

这种组合模式不仅将收益分配周期从数周压缩至分钟级，还创造了新型投资体验。我国香港地区的《稳定币条例》进一步强化了此模式的合法性。

更深层的创新在于稳定币与 RWA 的互嵌。绿地（亚洲）证券的试点中，尖沙咀酒店收益权代币支持以第三方持牌稳定币（如 CNHC）买入，形成"资产代币化-稳定币支付"的闭环。这种设计避免了房企自己发行稳定币的合规风险，使其可以聚焦生态接口价值。

房地产代币化的全球扩张，与监管政策的突破性进展同步发展。不同司法辖区正探索适应这一新兴领域的监管框架。例如，香港证监会颁发的 VA4/VA9 牌照为金融机构打开了数字资产业务通道，覆盖资产托管、交易及 RWA 发行业务。而 2025 年 8 月 1 日生效的香港《稳定币条例》则要求稳定币发行方持牌经营，允许合规的稳定币接入 RWA 支付场景。

虽然实体资产代币化前景广阔，但还有一系列严峻的问题摆在我们面前：牌照获批后，代币如何顺利发行？发行后又由谁来交易和买卖？只有解决这些问题，并将房企、金融机构、交易所、技术提供商等整合到一起，实体资产代币化才能更快落地。

10.1.2 碳信用衍生品稳定币的清算逻辑

碳信用衍生品稳定币的核心突破在于价值锚定模式的创新。传统稳定币依赖法定货币或加密资产作为储备资产，而新型稳定币把通过第三方认证的碳信用（如 Verra 认证的 VCU）及碳期货、期权等衍生品组合作为抵押品池，从而将自身价值与实体碳资产绑定。

这里有一个难点：如何实现碳资产的可信数字化。解决此问题需从以下三个方面入手：

1）碳资产确权：通过区块链将分散的碳减排量、绿电收益权等封装为标准化的真实世界资产凭证。例如，协鑫能科在湖北、湖南的 82MW 光伏电站，通过部署 IoT 设备实时捕获发电数据并上链存证，使每度电的碳减排收益转化为可交易的链上通证。

2）价值分层：将碳资产拆解为环境属性层（碳信用）与金融衍生品层（期权、碳期货合约等），前者锚定稳定币价值，后者进入 DeFi 市场流通。例如，当碳信用价格下跌时，系统自动买入看跌期权对冲风险；若碳信用价格上涨，则通过碳期货合约锁定收益。这种动态对冲策略使碳信用衍生品稳定币在保持价格稳定的同时，能捕获碳市场的上涨红利。

3）跨链映射：打通碳登记簿与稳定币发行链。这是考虑到碳市场的碎片化特征，清算逻辑需支持多链资产交互。例如，Flowcarbon 的 GNT 代币可以在以太坊与 Polygon 链之间跨链转移，当某链上的碳信用流动性不足时，系统自动切换至其他链进行清算。这种设计借鉴了数据与实体资产融合的理念，通过多链数据验证提高清算效率。

在未来，碳信用衍生品稳定币可能催生新型国际货币职能，例如，以"碳权+算法"为锚的特别提款权，在清算逻辑上实现环境价值、金融稳定性、跨境效率之间的平衡。这不仅是技术胜利，更是对全球金融治理模式的重构。

10.2 创新场景二：技术架构突破

稳定币的大范围应用与落地亟须技术升级。全链传输协议解决链间资产转移的效率与安全问题，让稳定币在异构网络中实现无缝流通；零知识证明等密码学技术则在储备验证中平衡透明度与隐私性，使稳定币的发行既满足监管机构与市场对资产真实性的要求，又避免敏感信息的泄露。这些技术突破不仅提高了稳定币的技术成熟度，还使其能适配机构级金融场景的严苛需求。从跨链结算的实时性到资产托管的安全性，其性能边界正被重新定义。

10.2.1 Circle CCTP 全链传输协议

曾经，稳定币长期受困于流动性孤岛悖论：分散在各链上的稳定币如同被关进互不相通的保险库，跨链转移需支付"过路费"，还存在结算延迟的问题，这种割裂导致稳定币的资本效率折损。Circle推出的跨链传输协议（CCTP），使稳定币的跨链传输发生了巨大变革。

CCTP的核心突破在于对跨链本质的重构。它引入的"销毁-铸造"模型，使USDC在以太坊上销毁的同时，于Avalanche上即时生成原生USDC，整个过程如同在区块链之间进行原子置换。这种机制剥离了中介层，使资本流动回归1:1的纯净状态。而且，它首次实现了无损耗跨链——开发者无须预存流动性，用户也无须承担滑点，所有价值转移均由Circle的链上证明服务背书。

2025年3月，CCTP V2的推出将这场变革推向高潮。其通过预言机的预确认机制，将跨链时间压缩至秒级。例如，从Avalanche向Base转移10万美元USDC，结算时间从分钟级锐减至秒级。而"钩子"（Hooks）功能则打开了可编程清算的新维度。开发者可以在资产跨链后自动触发预设操作，例如，当USDC从以太坊跨至Solana时，可以同步执行链上国债购买；当Cosmos生态的USDC流入Arbitrum时，可立即接入Aave借贷池赚取收益。

更具战略意义的是CCTP对传统金融体系与链上生态的整合。在Sei网络的集成案例中，Circle Mint的机构入口允许OTC平台将银行账户的美元直接转换为链上的USDC，再经CCTP分发至多条链上的供应商钱包。某东南亚制造企业通过此路径向我国光伏商支付货款，耗时从几天缩短至秒级。这种效率源于CCTP的三层融合架构：底层是银行合规通道（Circle Mint）；中间层是秒级跨链引擎（CCTP V2）；上层是DeFi可组合性（Hooks）。

Circle也许还有更远大的目标——让CCTP成为全链金融的TCP/IP协议。目前Circle已与Noble合作，将CCTP接入IBC协议。通过Noble的跨链安全模型，以太坊上的USDC将无损流入Cosmos Hub，再经IBC分发至Osmosis等多个区域链。在此过程中，dYdX等衍生品平台利用CCTP的迅速传输特性，实现保证金跨链追加。当以太坊上的仓位面临清算时，用户可以从Avalanche调用USDC，在几秒内完成补仓。这标志着稳定币首次在异构区块链之间建立连续清算带，使跨链资本具备抵御局部波动冲击的韧性。

截至2025年7月，CCTP V1与V2版本已覆盖以太坊、Solana、Cosmos等多条主流链，累计处理上百亿美元的跨链交易。甚至传统支付商 Visa 也正在尝试将 CCTP 作为其网络的新结算层，以取代日均处理额高达上百亿美元的 Visa Net1。

相信 Circle 及 CCTP 的未来将十分可期。

10.2.2 零知识证明储备验证系统

零知识证明是一种密码学技术，允许证明者在不透露信息的情况下，向验证者证明某个陈述的真实性。例如，证明者可以证明"某地址持有超 1 亿美元的储备资产"，但无须公开该地址的私钥或储备资产构成。其优势主要体现在以下三个方面：

1）实时性：通过智能合约实现储备资产状态的秒级验证。

2）隐私性：通过加密电路设计，仅公开验证所需的最小信息量。

3）抗审查性：验证过程完全由数学算法驱动，无须依赖中心化机构背书。

零知识证明在稳定币储备验证中的技术落地涉及多层架构设计：

1）储备资产上链与加密存储。发行方将储备资产通过跨链协议映射为链上通证，并通过同态加密技术对储备资产的相关数据进行分片存储。有些发行方甚至将储备资产转换为哈希值"指纹"上链，通过默克尔树结构聚合。当用户查询某 10 亿美元储备时，系统返回的是密码学承诺，而非具体的持仓清单。

2）储备证明。智能合约调用 ZKP 算法（如 zk-STARK 或 PLONK）生成"资产-负债"平衡证明：在不揭示具体储备资产种类的前提下，证明"总储备≥流通稳定币量"恒成立。

3）链上验证与共识。验证者（如区块链节点、监管机构）通过验证合约对储备证明进行实时验证。针对资产流动性，发行方还可以引入预言机喂价的 ZKP 波动率证明：当国债价格下跌时，系统自动增加抵押品数量并生成新储备证明。此过程如同为储备资产套上"防弹衣"，攻击者既看不到装甲厚度，又确信其存在。

零知识证明储备验证的重要意义是，将稳定币领域的信任关系从机构信用迁移至数学信用。当香港中环的交易员在手机端单击验证按钮，3毫秒内确认数十亿美元储备的真实性时，他参与的其实是金融史上最深刻的变革之一：货币信任将可能不再依赖百年投行的金字招牌，而是建立在由密码学保障的可验证真相之上。

10.3 创新场景三：未来融合实验

对稳定币的创新，从未止步于当下适配，而是探索未来可能。当区块链与AI、央行数字货币（CBDC）等加速融合，稳定币正成为试验未来金融形态的最佳载体：以 MEV（最大可提取价值）保护型设计应对链上交易的公平性挑战，让稳定币流通更具公信力；与 CBDC 的互操作探索则为公私协同的数字金融体系提供实践样本；用 AI 动态锚定模型通过智能算法实现价值调节的实时化、精准化等。尽管这些融合实验仍处于探索阶段，却已展现出稳定币的进化潜力。本节将深入拆解这些前沿探索的内核，揭示稳定币与未来金融形态的融合路径。

10.3.1 MEV 保护型稳定币设计

在 DeFi 的复杂生态中，最大可提取价值（MEV）如同潜伏的"掠食者"，对稳定币交易构成潜在威胁。2025年3月，某交易员在 Uniswap V3 上将22万美元 USDC 兑换为 USDT 时，遭遇了三明治攻击：攻击者通过前置交易改变流动性池价格，使他的交易滑点飙升，再通过后置交易回补流动性并获利，最后导致他到账仅不到6000美元。

这类攻击暴露了稳定币的一个弱点。虽然稳定币锚定法定货币，但其链上交易仍暴露于流动性池中，成为 MEV 机器人的优先攻击目标，大额、低滑点设置的兑换请求尤其容易触发攻击。为避免攻击，下一代稳定币需将 MEV 保护内化为协议级特性，形成三道核心防线。

(1) 交易混淆机制

Neo 抗 MEV 侧链的交易封装技术为我们提供了重要思路：交易细节与元数据在提交时即被端到端加密，仅目标合约可以解密。结合代理合约架构，真实的交易发起人身份被隐藏，攻击者无法定位目标，也就无法精准地发起攻击。例如，稳定币兑换可以被抽象为匿名委托调用，流动性池仅接收模糊的数额指令，从而彻底切断价格预测链条。

(2) 动态滑点熔断机制

借鉴传统金融的"断路器"理念，当稳定币兑换请求引发流动性异常波动时，智能合约自动触发分层延迟执行。例如，当滑点>1%时，交易进入待验证队列，启动零知识证明验证价格合理性；当滑点>5%时，要求多方签名确认，并引入人工审核。这种动态滑点熔断机制大幅增加了攻击复杂度，使三明治策略无利可图。

(3) 原子结算公平排序

在结算层引入可验证延迟函数（VDF），强制交易按照时间戳批次处理，消除抢跑的可能性。EigenLayer 的 "MEV-Boost+" 方案更进一步：通过部分区块拍卖机制，将区块拆分为"顶部"（ToB，由构建者竞标）和"其余部分"（RoB，由提议者自主填充），打破构建者对交易排序的绝对控制权。稳定币交易可以优先进入 RoB 保护区，避免竞价排序。

未来 MEV 保护型稳定币将进一步升级。届时，钱包可能会自动启用私有 RPC 节点和交易混淆技术，实现无感防御；而验证者也许能通过重质押机制提升经济安全性，违规成本远超攻击收益。这样的稳定币，才能真正承载中央银行数字货币（CBDC）、代币化资产等千亿级金融场景。

10.3.2 CBDC 与稳定币互操作试验

CBDC 与稳定币作为两种重要的数字支付工具，在金融体系中各自扮演着不同角色。目前两者的运行体系相对独立，CBDC 的法定性与稳定币的市场活力难以形成协同效应，甚至在支付清算、监管穿透等方面存在一定的割裂，这既制约了数字支付效率的提高，也给金融风险管理带来了挑战。因此，推动 CBDC 与稳定币互操作试验，具有重要意义。

CBDC 与稳定币互操作试验要想取得成功，必须突破技术适配与规则协同两大难点。

1. 技术适配

通过开发兼容 CBDC 底层架构（如中心化账本或联盟链）与稳定币运行网络（如公链或私有链）的跨链技术，可以实现两类数字资产的价值转移与信息同步。例如，用哈希时间锁定合约或公证人机制，在确保资产所有权归属清晰的前提下，完成 CBDC 与稳定币的跨链兑换，同时通过智能合约自动执行兑换条件。此外，统一的数字身份与账户体系也很关键，这要求我们构建基于国家标准的数字身份认证接口，让稳定币用户与 CBDC 钱包持有者能通过身份核验实现账户关联，为资金跨体系流动提供支撑。

2. 规则协同

CBDC 的发行与流通必须遵循央行的监管要求，而稳定币的发行与流通则需符合发行方的运营要求及行业规范，两者之间的差异可能导致互操作过程中出现合规性冲突。因此，试验中需制定监管沙盒内的规则适配机制，具体如下：

1）明确稳定币接入 CBDC 系统的资质要求，如发行方的资本充足率、储备资产托管标准等，确保参与互操作的稳定币具备风险抵御能力。

2）允许 CBDC 在特定场景下适配稳定币的发现与流通规则，例如，在跨境小额支付中，借鉴稳定币的实时结算特性，优化 CBDC 的清算流程，同时通过智能合约将监管要求嵌入交易环节，实现"合规即服务"。

目前部分国家已开展 CBDC 与稳定币互操作相关实践。中国人民银行、中国香港金融管理局、国际清算银行（BIS）等多方共建多边央行数字货币桥（mBridge），接纳合规的稳定币作为结算补充，允许贸易融资场景中组合使用数字人民币、批发型 CBDC、离岸人民币稳定币。

随着技术越来越成熟，这种互操作试验将向更深层次推进。例如，跨链协议将从点对点对接升级为多链协同，支持多种稳定币与 CBDC 的并行交互，并通过分布式身份实现跨场景的身份核验。而监管方面，则可能形成国际协同的监管框架，在反洗钱、跨境资本流动等领域建立统一标准，为全球范围内的互操作试验提供指引。

10.3.3 AI 动态锚定模型

稳定币的锚定机制，无论是法定货币质押的中心化信任依赖、加密资产超额质押的高成本占用，还是算法稳定币的信任脆弱性，均暴露出难以适应复杂市场环境的弊端。下一代稳定币的核心突破点在于，引入机器学习算法和实时数据处理能力，开发 AI 动态锚定模型，以实现稳定币价值调节的动态化、智能化与去中心化。

要了解 AI 动态锚定模型，首先必须弄清楚其运行机制：

1）AI 动态锚定模型实时抓取全球上百个经济体的 CPI（消费者物价指数）、汇率、大宗商品期货等数据，结合链上交易数据，构建综合风险评估体系。例如，当日元突发贬值时，AI 动态锚定模型可以自动识别风险敞口，通过智能合约增持美债等避险资产对冲波动。为确保数据的真实性与抗攻击性，AI 动态锚定模型通常会使用多节点聚合的去中心化预言机（如 Chainlink），结合零知识证明技术对数据进行加密验证。

2）基于强化学习算法，AI 动态锚定模型可以动态调整质押率。例如，当市场波动率上升时，它会自动提高质押率；当市场平稳时，它则会适度降低质押率。

3）通过与智能合约深度耦合，AI 动态锚定模型将实现从数据采集到交易执行的全流程自动化。例如，在供应链金融场景中，AI Agent（智能体）可以通过物联网传感器实时验证货物状态，当温度、位置等参数符合预设条件时，自动触发 USDC 支付指令，将传统"开发票-审核-支付"的烦琐流程压缩至秒级。这种履约即支付的模式，将稳定币的支付功能与物理世界的商业逻辑无缝衔接，开创了可编程金融的新模式。

AI 动态锚定模型的出现，标志着稳定币从静态价值载体向智能金融基础设施转型。这种转型深刻影响着金融生态。例如，在新兴市场，金融普惠将进一步深化。AI 动态锚定模型可以将稳定币自动兑换为当地货币，帮助无银行账户人群参与全球经济。AI Agent 甚至可以催生机器经济新业态，为企业创造更多盈利机会，让用户买卖稳定币更方便、更简单。

10.4 预测：稳定币将何去何从

当前稳定币的未来进化路径已逐渐清晰：自建公链解决基础设施自主可控问题；向"正规军"发展的合规化战略，为企业进行规模扩张解除监管障碍；而各类玩家的入场则加速稳定币在各场景的渗透，加快构建一个多方协同的稳定币生态。本节将基于前文的创新实践，分析这些趋势的内在逻辑，勾勒出稳定币未来的发展图景。

10.4.1 自建公链，摆脱平台税

如果把公链比作移动手机的安卓和苹果系统，那么代币就好比手机上的各种应用。如同苹果公司会从应用收入中提取 30% 左右的"苹果税"一样，公链也会对代币操作收费。传统稳定币生态依赖以太坊等第三方公链，海量的稳定币交易贡献的手续费全部被第三方公链捕获，成为发行方向第三方公链支付的高昂平台税。

这意味着当自有稳定币与其他稳定币发生对抗，或在第三方公链上操作消耗的手续费剧烈波动时，发行方的命脉就被他人掌控。这种深度依赖催生了稳定币领域的"阿喀琉斯之踵"——发行方创造了价值却无法捕获资产流动产生

的价值，所有生态红利都被底层的基础设施平台抽走。

种种危机让头部发行方意识到：若不能自己掌控交易结算的基础设施，所谓稳定性不过是沙上城堡。在发现真正意义上的"链上经济分润"并没有落到自己手中，从而导致了价值捕获失衡现象后，Tether 迅速调整战略。它不满足于自己只是其他区块链上的一个"超级应用"，而是决定自建公链，打造属于自己的基础设施。

Tether 的第一个动作是，在 2024 年年底扶持了一条新链——Plasma。

Plasma 起初亮相时非常低调，仅发布了几条公告。但其融资成绩相当亮眼：Bitfinex（Tether 的母公司）、Peter Thiel 的 Founders Fund、Framework 等投资者先后注入 2400 万美元，后又拉来 350 万美元外部资金。短短两个月，Plasma 的估值就被推到 5 亿美元。

2025 年 5 月，Tether 又斥资 4.587 亿美元增持 BTC。至此，USDT 主攻清算货币，BTC 主攻储备资产，二者在 Plasma 中被整合到一起，将散落在多个网络中的上千亿美元 USDT 汇聚到一个统一的清算层，让转账、兑换、赎回等都发生在 Tether 自己的地盘上。

Plasma 作为比特币侧链，巧妙地将比特币主网转化为安全基石。它定期将区块状态锚定至比特币网络，继承其 UTXO 模型的抗攻击能力，同时在上层完全兼容误差向量幅度（EVM），允许开发者无缝迁移以太坊应用。这个设计使它兼具比特币的安全性与以太坊的生态灵活性。而它最具颠覆性的创新之一在于独特的盈利模式：普通 USDT 转账完全免费，仅对复杂交易收取费用。虽然 USDT 转账无须费用，但并不意味着它没有收入。

1）跨境汇款公司或游戏发行商如果想把转账速度从毫秒级提升到亚毫秒级，就要向 Plasma 支付固定的 USDT 月费，以保证带宽速度。

2）调用 DeFi 协议需缴纳手续费，只不过计价单位从 ETH 变成 USDT。

3）将资产从其他链提到 Plasma 或从 Plasma 赎回，都要支付出口税，这笔钱会先进入 Plasma 的账户，再按照规则分给节点和基金会。

4）验证人质押代币可以获得出块奖励。Plasma 的账户会保留一部分代币进行拍卖，用于持续补贴点对点 USDT 的零手续费支付。

市场对 Plasma 的认可度很高：主网测试版上线时，其稳定币流动性已达到 10 亿美元，位居全球第九大区块链。首批 5 亿美元的流动性配额也在几分钟内售罄。

尽管 Plasma 的成绩非常不错，但它没有就此止步。2025 年 6 月，由 Bitfinex 和 USDT 统一流动性协议 USDT0 支持的一条原生 L1 链 Stable 推出。

Stable 使用基于 Cosmos CometBFT 改进的 StableBFT 共识机制，并计划升级至 DAG 架构。其核心设计是以 USDT 为链上原生代币，用户无须持有平台币即可操作，点对点 USDT 转账同样免费。但不同于 Plasma 的多资产支付选项，Stable 强制要求所有手续费仅以 USDT 支付，强化了 USDT 的货币本位角色。这种设计直指企业级场景：通过专属区块空间为企业预留带宽，确保交易速率与费用稳定。

与 Plasma 不同，Stable 显露更大的合规野心。其架构支持监管干预接口，允许司法机构在链上纠纷中冻结资产，这与 Tether 在 GENIUS 法案框架下的合规努力不谋而合。同时，Tether 正系统性收缩 USDT 的"链版图"，将资源聚焦于高实用性、高活跃度的链，以便更好地为 Plasma 与 Stable 导流，加速"Tether系"链的流动性垄断。

左手 Plasma，右手 Stable，Tether 的"双链战略"绝非简单的技术备胎，而是一场对稳定币底层控制权的夺回之战。关于稳定币的博弈，未来还将继续。

10.4.2 告别草根时代，向"正规军"发展

稳定币的早期发展带有鲜明的"草根"印记——在加密货币市场野蛮生长的阶段，稳定币更像一个结算工具，依赖美元锚定机制维持价格，而且多依附于公链，缺乏自主、可控的基础设施。这种模式在市场规模较小时尚能正常运转，但随着稳定币逐渐渗透到跨境支付、资产结算等更多场景，其脆弱性逐渐

暴露。

于是，严密的监管框架，逐渐终结了稳定币的野蛮生长状态。美国强制要求稳定币100%锚定美元或美债，并接受银行级监管审查。我国香港地区则设立2500万港元最低资本门槛，要求储备资产全额抵押且必须为高流动性资产。这些法律法规将合规成本推至中小型企业难以承受的高度，蚂蚁集团、京东等巨头尚需激烈角逐，草根玩家可能会彻底出局。所以明智的企业，都开始着手向"正规军"转型。

2025年6月，纽约证券交易所的电子屏闪烁起新股票代码CRCL，Circle以每股31美元发行3400万股，募资近11亿美元，市值达69亿美元。华尔街的交易员与加密世界的开发者共同见证历史——全球首家稳定币发行企业登陆主流资本市场。

Circle的IPO揭示了稳定币商业模式的资本化蜕变。招股书上的数据显示，Circle 99%的收入来自USDC储备资产的利息收益，2024年交易规模超16亿美元。但这种依赖美债收益的模式暗藏脆弱性——当美联储降息周期启动，Circle的利润将被大幅挤压。为此，Circle斥资9980万美元收购代币化机构Hashnote，试图将业务延伸至RWA领域，这种向传统资管靠拢的战略，凸显Circle正从技术颠覆者升级为金融系统共生者。Circle还研发Layer2公链，试图把USDC嵌入智能合约层实现交易费捕获，进而提高价值留存率。

比Circle完成IPO再早一些，远在中美洲的萨尔瓦多，Tether的高管们在签署文件，将总部迁移至这个以火山地热能源和比特币法定货币化闻名的国家。同时，他们也完成了在萨尔瓦多的数字资产服务提供商（DASP）和稳定币发行牌照申请。此举将加强Tether在新兴市场的布局，并借助萨尔瓦多支持创新的监管环境，推进比特币全球应用进程。

如果我们从宏观角度看，Tether的总部迁移之举，甚至可能影响其他国家的政策。一些国家会意识到，开放的加密货币政策可以吸引更多投资和企业入驻，从而推动经济发展。当越来越多的国家释放政策红利后，整个加密货币生态都将进一步完善，从而引导更多企业向"正规军"转型。而这也印证了一个趋势：

合规不再是可选项，而是生存许可证。

10.4.3 群雄并起：稳定币生态越发丰富

当单笔转账成本降至传统银行的1%甚至更低，当跨境结算周期缩短至秒级，其意义并非降本增效如此简单，而是彻底释放了小额支付场景，激活了万亿级长尾市场：便利店的0.5美元瓶装水支付、自媒体平台的0.1美元打赏、跨境电商的2美元样品费结算……这些过去容易被忽略的微小需求，正通过稳定币被整合成新盈利渠道。

1. 支付巨头的自我创新

为将稳定币深度嵌入线上支付生态，PayPal推出稳定币PYUSD并在旗下支付App Venmo中内置数字货币钱包，使上千万商户可以直接进行链上结算。2025年年初，FV Bank将PYUSD纳入其存款和支付选项，允许客户实时将PYUSD直接存入其美元账户，并进行自动兑换。6月，PayPal宣布计划将PYUSD引入Stellar网络，旨在通过Stellar网络的高速、低成本、易于集成等优势强化PYUSD在实际支付、微融资等场景的应用。

2. 传统金融机构的积极转型

商业思维敏锐的美国老牌养老基金公司VanEck，成功获批成立第一批BTC ETF，同时其家族成员又成立了稳定币公司Agora，形成"ETF捕获存量资金+稳定币开辟支付通道"的发展战略。这种协同效应直击资管行业的痛点：投资者可以在ETF与稳定币间自由兑换，避免交易所提币延迟，收益获取与支付流转都能即时完成。传统金融机构不再将稳定币视为威胁，而是将其改造为连接传统金融与加密经济的"适配器"。

3. 零售巨头的生态闭环

沃尔玛、亚马逊等零售巨头目前在考虑将稳定币作为客户支付货款的手段，希望构建起私域金融操作系统。我们可以想象一下，若客户使用稳定币与沃尔玛进行结算，资金将即时转化为供应商应收账款并可分割融资；员工用稳定币领取薪酬，亚马逊省去跨境汇款成本并锁定消费场景。这种设计将支付工具升级为供应链金融中枢，而零售巨头的真正野心，是以稳定币为纽带串联起 B 端供应链与 C 端消费市场，形成内循环价值网络。

4. 亚洲势力崛起与博弈

2025 年 6 月，京东公开表示计划在全球主要货币国家申请稳定币牌照，以借助稳定币牌照达成全球企业之间的汇兑服务，降低跨境支付成本。京东将稳定币定位为"第二次支付革命"：不再争夺国内 C 端红海，而是重构全球 B 端结算协议。

蚂蚁集团选择三地协同推进。2025 年 6 月 12 日，蚂蚁集团宣布将在中国香港以及新加坡、卢森堡布局稳定币业务。目前它已启动香港牌照申请程序，并与监管机构进行过多轮沟通。其旗下两大板块蚂蚁国际、蚂蚁数科也均宣布进军稳定币。

蚂蚁数科将香港列为全球总部，并已在香港完成监管沙箱的先行先试；而蚂蚁国际研发出两大核心资金管理技术产品：区块链实时跨境资金平台 Whale 和 AI 外汇大模型 Falcon。早在 2024 年，蚂蚁国际处理的大部分资金便是通过 Whale 平台完成的。

5. CBDC 与稳定币的竞合格局

CBDC 的崛起并未扼杀稳定币。中国工商银行南通分行曾通过多边央行数字货币桥完成单笔上亿元的跨境汇款，印证了批发型 CBDC 在大额清算中的优势。在对技术和市场敏感的央行的指导下，国内 CBDC 业务才会成功；而那些国际 CBDC 业务，则更适合由发展相对灵活的企业来探索、推广，方能事半功倍。

不同领域的入局者各有所长：支付巨头发挥场景渗透力，零售巨头发挥生态封闭性，亚洲企业凭借政策适配能力构筑护城河。这种群雄并起的局面，反映数字金融演变的核心规律：不同形态的货币有其适合的场景。入局者在自己的优势战场开疆拓土，又在技术接口处相互协作。这种协同模式或将定义未来十年全球支付体系：在萨尔瓦多的咖啡农用比特币接收货款时，中国香港地区的基金经理正用稳定币购买代币化美债……

当价值流动畅通无阻时，金融的终极命题也将从"货币如何转移"转向"货币为何创造"。

在这场由区块链技术推动的"新大航海时代"中，稳定币有着如同航船一般的作用，它是开启通往新大陆大门的钥匙。新大陆上不可避免地会有种种风险和挑战，但是也会带来如同辣椒、玉米、土豆等在今天已融入日常、不可或缺的丰饶物产，甚至诞生重新定义世界图景的新技术、新事物。愿大家面对未知大胆一些，在旅程中过得开心。